心繫香港事

"與二十位名人對話

譚耀宗　范徐麗泰　梁愛詩　葉劉淑儀

湯家驊　李慧琼　陳健波　梁美芬

謝偉俊　葛珮帆　蔣麗芸　何君堯

吳秋北　雷鼎鳴　高永文　黃汝榮

高志森　盧寵茂　冼國林　關品方

謝悅漢 著

大公報出版有限公司

序言（一）

姜在忠

全國政協委員
香港大公文匯傳媒集團董事長
《大公報》、香港《文匯報》社長

　　謝悅漢先生是大公報的長期忠實讀者，他自言每天執筆為文前都先遍覽諸報，當中更是必看《大公報》，很多寫作靈感便是由此而生。

　　謝先生是傳媒界前輩。雖然有一段經商歲月，而且頗為成功，退休後他有條件可以悠哉悠哉，但知識分子的天性又使他拿起筆，臧否時事，月旦人物，以期文人論政、文章報國。

　　去年謝先生第三本文集《香港仍有善心人》是經由大公報出版社負責出版的，今年他又將自己在《亞洲週刊》訪問文章二十篇集結成書，交由大公報出版社出版。謝生這本著作載有二十位受訪人士對一些重大問題發

表的意見。他們每一位都是香港市民熟悉的社會知名人物，這些為市民敬重的意見領袖，非常關心港事和國事，讀者可以在字裏行間，感受到他們的愛港愛國情懷，看到他們的睿智和不同凡響的見識。

由於受訪人物對香港都有濃厚感情，所以在黑色暴亂期間，他們看見暴徒肆虐香港，視法律如無物，盡情破壞公共設施，令市民惶恐度日，都曾作猛烈抨擊，並呼籲市民一起和這些亂港勢力作鬥爭，讓香港這塊福地，經濟盡快復甦，治安盡快好轉，「一國兩制」得到很好的落實。

自從特區政府於去年頒布香港國安法後，社會秩序開始回復穩定，市民逐漸恢復信心，但社會上仍有千頭萬緒事宜有待解決。這二十位高瞻遠矚政經界知名人士，為特區政府出謀獻策，在媒體上發聲，所有言論都具真知灼見，見解獨到，甚受政府和市民歡迎及重視。

香港是亞洲金融中心和國際大都會，精英薈萃，冠蓋雲集，同時亦魚龍混雜，各種外部勢力潛藏各個領域，一些心懷不軌的代理人勾結外部勢力，處心積慮破壞「一國兩制」，以期達到搞亂香港、阻礙中國發展的目的。香港攬炒派更是以所謂「人權、民主、自由」為幌子，企圖將香港從中國分裂出去。謝先生的專訪和文論中對他們的奸計、惡行進行了無情的口誅筆伐。

香港回歸後繼續保持安定繁榮的背後，其實暗流湧動，幸好有強大的祖國作為後盾，好多事情得以化險為夷。不過，港人仍須認清國情和世局，要清楚知道港人和內地同胞是血濃於

水，中華文化和歷史一脈相承，大家必須具有國家和民族情懷，明白香港和國家是命運共同體，密不可分。堅守「一國」之本，善用「兩制」之利，是過去香港繁榮發展的根本原因，更是今後香港繁榮穩定的力量源泉。

香港必須善用國家發展的戰略機遇和「一國兩制」優勢，積極融入大灣區發展和「一帶一路」建設，主動作為，既為香港創造美好未來，亦為國家發展大計作出貢獻。

謝先生平日筆耕不輟，每日以「不平則鳴」在網上發表時事短評。他以敏銳觸角、鋒利文筆對港事國事有感而發，替沉默的大多數發聲，以一個知識分子的拳拳之心，為香港的繁榮穩定，為「一國兩制」的貫徹落實竭盡己力。

希望這本書有助市民關注香港的深層次問題，思考香港將來何去何從，及為自己作出明智定位和選擇。

序言（二）

邱立本

《亞洲週刊》總編輯

香港撥亂反正的軟實力

謝悅漢兄是新聞界的異數，也是企業界的異數。他曾經是新加坡《聯合早報》的經濟版主將，也曾任香港外商跨國集團的管理層。他在退休之後，將新聞界與企業界的經驗結合，開拓獨特的視野，淬煉成為一股新的文字力量。他對自己生於斯、長於斯的香港，作出深入的研究，反思香港為何會出現「港獨」的黑色風暴，今後的香港往何處去？他採訪香港不同領域的精英，提煉真知灼見，尋求深層次的答案。

這本書就是他訪談記錄的結晶。回歸之後，香港對教育、媒體、司法的三

大領域都掉以輕心，被一些別有用心的勢力滲透，到「佔中」前後，圖窮匕見，很多長期以來隱藏的問題都爆發出來，演變成街頭的動亂，地鐵站被焚燒、公路被堵塞、隧道被破壞、商店被刑毀，觸目驚心。但西方的主流媒體卻將這些暴徒譽爲「民主鬥士」，扭曲香港社會的真貌，引起了香港「沉默大多數」的反彈。

謝悅漢的文字，代表了很多沉默大多數的聲音，發現一些過去被視爲專業的團體，如教協、大律師公會、記協等組織，都被一些「深黃」的力量所把持，爲黑暴勢力張目，以民主的名義，損害香港人的基本人身安全與生命保障權。一些市民在街頭敢於對黑暴勢力表達不同意見，往往被群毆重傷，甚至被點火燃燒，命懸一線。但這些新聞都被西方媒體視而不見，而只有靠香港人自己來說自己的真實故事，剖析背後的真相。

這也是香港的軟實力，搶回香港市民的話語權，不要被黑暴勢力來閹割真相。在網裏網外，香港的故事都受到全球的關注，但也陷入很多傲慢與偏見的迷霧，被西方媒體妖魔化，說香港已經失去了自由，已經不適合營商，甚至說香港是被警察控制、是毫無人權的城市。但真的假不了，假的真不了。這需要更多的意見領袖挺身而出，說出事實的真相，還以香港真面目。

謝悅漢筆掃千軍，展現香港撥亂反正的軟實力，以柔制剛，在與不同領域精英的訪談中，展示香港的本色，如何衝出黑暴的羅網，迎向未來的挑戰。

如何反擊根深蒂固的殖民主義影響，是香港撥亂反正的重點。在回歸以後，香港沒有經過深刻的「去殖民化」，社會上很多關鍵的位置，還是被充滿「戀殖」心態的人所把持，這包括了一些公務員，他們甚至拒絕宣誓效忠基本法。香港不能讓一些公務員成爲「特洛伊木馬」，扯特區政府的後腿，甚至成爲黑色暴亂的幫兇。

　　謝悅漢的論述，就是發揮「去殖民化」的力量，檢討爲何這些殖民主義的餘孽還在香港肆虐，尤其在教育部門，一些「深黃」勢力仍然盤根錯節，毒害下一代。

　　這都需要香港更多的軟實力來投入這場硬碰硬的戰鬥，從思想的根源做起，讓香港不再被誤導，挽狂瀾於既倒。在香港軟實力的戰線上，謝悅漢的文字永遠是戰鬥力強大的先鋒。

自序

毋忘初心，書生報國

被譽爲「東方之珠」的香港，近年因爲黑色暴亂事件和新冠肺炎疫情衝擊，經已黯然失色。在這黃色霧霾籠罩的大都會，幸好仍有一批愛港愛國之士，堅定不移爲市民打氣加油，爲政府出謀獻策，在議會上大聲疾呼喝止攬炒派胡作非爲，全心全意爲港人謀福祉。

有幸能訪問書中二十位社會名人，他們的大名已是市民耳熟能詳，根本毋須多介紹，因爲他們均是政經界翹楚，是媒體聚焦的新聞人物。

這二十位受訪者相同之處，均是熱愛香港家園，不願見到獅子山下美麗維港景色遭受蹂躪破壞，不希望見到屹立的國際金融中心受損，更加不想下一代

受到矇騙被誤導走上歧途。

在訪談中，我用心聆聽他們的大計、遠見和描繪香港未來的藍圖，他們關心市民的民生問題，包括住屋、醫療、教育及交通等切身問題，並且非常真心熱誠為市民發聲爭取應有權益。

他們感性地抒發情懷，理性地思考問題，令市民身在黑暗的一刻，仍看到光明的希望。在這個正確人生觀和價值觀被嚴重扭曲的社會，有人為名利去勾結外部勢力，甘願做洋奴漢奸刻意去破壞和擾亂社會，及策劃推翻特區政府，令市民日夜生活在徬徨恐懼中。這些社會敗類甚至出賣自己的良知、人格和靈魂，盡情去抹黑醜化國家和民族。

香港的確是一本難讀和難懂的書，如果用「亂象紛呈」形容今日社會的情況，應該是毫不誇張。這是一個充滿荒謬的社會，不乏寡廉鮮恥巧取豪奪的鏡頭，以及左右逢源搖風擺柳的牆頭草。香港有一段長時期，是任由暴徒橫行無忌，破壞社會法紀和恫嚇毆傷無辜市民，甚至對執法警員及其家屬起底恐嚇，立法會「黃絲」議員在議會上終日以肢體衝擊，以污言穢語和投擲穢物污衊他人，完全沒有履行議員職責，不僅令所有立法會議員蒙污，亦令全港市民蒙羞。

幸好仍有這批愛港而又飽學和睿智之士，在市民感到迷茫、徬徨、無助之際，他們的明智言論，為市民提供解惑、安慰和指引的作用。「疾風知勁草」、「板蕩識忠臣」、「時窮節乃現」這些字眼，都可適用於這二十位受訪者，他們都是以爭取市民福祉和保護香港為使命的勇士和鬥士。

當今是網絡世界，瞬息間千變萬化，世局如棋局局新，香港在這個變幻無常的世界，在中美博弈中如何維護香港和國家的利益，如何融入大灣區共享繁榮，應是特區政府今後思考的方向，書中人物亦為讀者指出香港明日出路。

　　大部分港人對香港即使有千般恨萬般愛，但始終對香港這個美麗家園深情似海，不離不棄。作為社會裏一介小市民，我只是在「水泥森林中吶喊」，更加深信「香港仍有善心人」，希望本書能引起市民和讀者共鳴，一起用心保護這個得天獨厚「一國兩制」的可愛家園，繼續讓子孫在和諧社會中施展他們的抱負，為香港和國家發揮他們所長。

　　出版這本書的另一個目的，是因見到潛伏社會各階層的外部勢力，以及大部分西方傳媒在報道內地與香港的新聞時，存有偏頗立場，尤其是對內地的誣衊攻擊，我希望藉此機會說明基本法和國安法是香港的定海神針。香港可以發揮「一國兩制」獨特優勢，一方面可以幫助世人多了解中國國情；另一方面，愛港愛國人士有機會揭露西方媒體和網絡上的不公正言論，反擊他們的文宣攻勢。

　　書中二十位主角個個都有一段不平凡的人生經歷。在這次訪問後，受訪者本人在「訪後感言」寫出他們的從政意願和感受，亦表示訪問文章忠實反映他們的心願和意見。而我確實是以「求真」態度和尊重受訪者意願進行訪問，我只是一個訪談記錄者和歷史見證者。

　　這次能夠出版此書，我對以下三位相助貴人深表謝意，就

是大公報姜在忠社長，亞洲週刊總編輯邱立本先生（二十位受訪者文章原先刊登在《亞洲週刊》），以及上市公司皇朝傢俬謝錦鵬主席，因爲有三位先生支持和勉勵令我完成心願，所以我對三位先生的愛護將銘感心中。同時我亦多謝大公報兩位同事，嚴中則先生和劉慧華女士爲此次出版事宜，費盡心思提供各方面協助。最後，我要藉此機會對太太表示衷心謝意，她無怨無悔陪我走過大半生，令我晚年無憂專心寫作，此生難忘。

謹對以上各人表達衷心謝意。

謝悅漢

2021 年 6 月於香港

目錄

第四章、醫療

第五章、香港新角色與變革前景

第六章、作者觀點

第一章

基本法與國安法

譚耀宗

一九四九年出生於香港，曾就讀九龍工業學校，參與工會活動多年。曾任立法局議員、立法會議員、行政會議成員、工聯會副會長、民建聯主席。現任全國人大常委會委員。

譚耀宗剖析國安法有利港人

　　全國人大常委譚耀宗表示，《中華人民共和國香港特別行政區維護國家安全法》（以下簡稱「香港國安法」）守護了「一國兩制」、「港人治港」，維護了國家主權與核心發展利益，也為市民人身安全和言論自由提供保障，推動香港再出發。

　　香港建制派元老級人物譚耀宗表示自己出身基層，對勞工階層有深厚感情。他很早就已經參加工會，在回歸前已從政，於一九八五年循勞工界當選立法局議員，亦曾為基本法起草委員會成員，至今從政經驗三十五年。他曾為工聯會副理事長，一九九二年民建聯成立時他為創黨成員，於二零零七年出任該黨主席長達八年，多年來他目睹香

港政經風雲變幻，現為第十三屆全國人大常委會委員，每當香港發生大事時，他的發言和意見都備受重視。

在接受訪問時，他精神奕奕，思路清晰反應敏捷。現年七十一歲的譚耀宗擔負全國人大常委會委員重任，每年至少赴北京開會六次，又要風塵僕僕去各地視察，又要密切觀察香港政經最新形勢發展，及時向中央反映民意民情。老驥仍是良駿千里馬，愛港報國之情溢於言表。以下是訪談內容：

66 後國安法時代，中央是否加強了對香港的管控？

香港國安法是去年在香港發生了一連串嚴重違法暴亂事件的背景下而誕生的。修例風波引起對「一國兩制」的巨大衝擊，全國人大常委會是被迫就維護國家安全來為香港立法的。

香港國安法出台之後，香港社會大體恢復穩定。香港國安法包含了非常廣泛的內容，它在總則中解釋了主要的原則性問題，第二章中規定了特區政府的職責和國安的執行機構。毫無疑問地，特區政府對國家安全負有第一責任；此外立法、執法和各級公職人員都有其不可推卸的責任。

我認為，今後參選立法會、區議會議員的，以及所有出任公職的人員都應當簽署文件明確地、不含糊地確認並宣誓擁護《中華人民共和國香港特別行政區基本法》，效忠中華人民共和國香港特別行政區。

香港國安法守護了「一國兩制」、「港人治港」，維護了國家主權與核心發展利益。「一國兩制」成功實踐、行穩致遠，香港得以長期繁榮穩定的同時，香港國安法也為全體香港市民的人身安全和言論自由提供了重大保障。

事實上，回歸二十三年以來，中央一直非常包容香港。二十三年

以來，香港一直未能為基本法第二十三條維護國家安全方面自行立法。二零一九年的黑暴事件中，有些人明目張膽地勾結外部勢力或不遺餘力地游說外國政府／政客，積極要求外國制裁香港，實在其心可誅。「港獨」分子肆意宣傳抹黑國家，他們不承認國家對香港的全面管治權，該些行為嚴重違反「一國兩制」、「港人治港」等重要原則，該行為的背後目的是值得我們深思和警惕的，我們必須有一個公正的判斷。

我們應當通過學校、社會團體、媒體和網絡等開展國家安全教育，指導並培養香港市民的愛國意識與守法意識。特區政府應當採取必要措施，加強宣傳、教育、監督和管理國家安全事務。香港國安法規定的內容都必須陸續予以落實。

66 您對香港前景有何看法？

有了香港國安法之後，我對香港前景是非常樂觀。有些人擔心中央會放棄香港，也擔心香港的發展前景將會變得非常黯淡，我個人認為這些觀點都是錯誤的。在我過去多年接觸過的各位國家領導人中，我就從來沒有聽到中央會放棄香港的說法。反過來，中央為了香港、為了確保「一國兩制」長期良性發展、不變形、不走樣，實在付出了非常大的代價。香港無論是在歷史上、在中華民族偉大復興的道路上都擁有巨大的正面價值。「一國兩制」是中國的偉大發明創舉，透過在香港的成功實踐，「一國兩制」在實踐中證明是可行的。

「一國兩制」能夠解決兩種不同社會制度融合時所必然產生的矛盾，我相信「一國兩制」也能夠解決台灣的歷史問題。香港自身擁有着不能被取代的優勢，只要我們堅持走正確的道路，我們定能為國家發展起到積極作用，香港的前景是光明的。在應對新冠肺炎疫情中，

我們應當看到中國的制度優勢和內地政府的高效管治水平。香港與內地融合定能產生巨大的協同效應，我們應當看清國家發展的重大機遇，全力把握最佳時機加快融入國家的發展大局。

66 能否說明全國人大代表與香港立法會議員的分別？

全國人大每年開一次全體大會，各地代表都非常認真地履行代表職務，我尤其清楚地看到我們港區代表的積極性。各位港區代表都非常主動地去了解並參與國家事務、提出他們的意見；他們總是理性討論、實事求是地去履職，我從來沒有見過為反對而反對的人。在依法治國的重大原則下，全國人大常委會的立法任務非常繁重。我個人是樂見這樣，我也很高興看到國家執法水平的不斷提升。

在香港，反對派議員則是為反對而反對，為着拖延政府有效施政、分散政府注意力而無所不用其極地去攻擊政府。大家有目共睹，立法會最終淪為了他們用以拖垮政府的平台。

66 您曾提及在全國人大常委會中討論國旗法及國徽法有提意見，能否予以說明？

我對國旗法增加一條「在國旗升起的過程中，參加者應當面向國旗肅立行注目禮，或者按照規定要求敬禮，不得有損國旗尊嚴的行為」表示贊同，因為香港確實出現升國旗和奏國歌的時候，有市民不尊重國旗和國歌的現象。

在國徽法審議時，我提到國徽是一個國家神聖的象徵，因此任何人和商業機構都不能隨意使用。由於當今互聯網蓬勃發展，所以在互聯網中使用國徽時，亦需要進行規範。我希望中央能定期派人到香港，進行有關國歌和國徽的教育和宣傳活動，特別是走進校園向學生進行

宣講，以增進香港市民以及廣大師生對國歌和國徽的了解，從而增加香港社會的愛國意識。

66 對於內地公安機關的執法及落實人權保障方面，您有何提議？

我曾在全國人大會議中提出四點建議：

一、加強落實刑事訴訟法，取保候審應該為常態，為保障制度落實，讓律師可以就拒絕取保提出聽證請求；

二、免刑事審訊期間可能被質疑刑訊逼供，應該盡早允許律師介入偵查審訊階段；

三、排除非法證據，完善對在押犯罪嫌疑人、被告人強制措施的解除和變更程序，減少羈押強制性等措施的適用；

四、犯罪嫌疑人在羈押期間的所有人身權利應該得到保障，應該盡早並定期讓家屬探望。

66 您如何幫助有志在大灣區發展事業的青年？

我曾接觸過三百個大學生，但真正願去大灣區工作的只有三分之一的人，他們主要考慮是開始工作時，收入會較香港相同職級為低。不過，我認為如果該名年輕人表現優異，大灣區企業會給予年輕人加薪和升職遠較香港為快，前景會更美好。據我所知，特區政府現正考慮幫助青年人融入大灣區，在開始時會給予補貼幫助，相信這會有助青年人北上就業的決定。

66 在《中華人民共和國未成年人保護法修訂草案》中，您是否作出提議？

近一年來，香港社會出現了黑色暴力事件，參與其中青年學生約

佔四成，我希望能從香港的實踐中吸取經驗和教訓，從而完善未成年人保護法，由於青少年是國家的未來，社會有義務對其身心進行保護，所以我對此次的未成年人保護法草案表示贊同。

> **香港教育和青少年問題都非常嚴重，您有何方法解決？**

　　自二零一四年「佔中」事件後，一些外部勢力和他們的代理人，在香港大肆宣揚所謂的「公民革命」、「違法達義」和「惡法非法」等扭曲的觀念。更令人驚訝的，便是提出這些觀念的居然都是法律界人士以及學者，這對未成年人更有迷惑性和誤導性。另外一方面，這些人把自己宣揚的政治目的，美化成「普世價值」、「正義公義」，根本就是黑白顛倒，是非不分。根據統計數字，從二零一九年六月至二零二零年五月三十一日，警方就反修例拘捕八千九百八十六人，當中未成年即十八歲以下人士有一千六百零九人，佔總被捕人數約百分之十七點九，年齡最小的僅十一歲，其中二百八十人已被起訴，這些數字都讓人非常心痛。

　　這些數據說明，香港在教育和青年人問題上嚴重出錯，這就要求宣傳法治的時候，我們不單要解釋法律條文，更要宣傳法律背後所反映的價值觀，例如國家的各項法律背後，所反映出來的一定是社會主義的道德價值觀，這既符合國情亦符合社會發展的趨勢，只有在思想上讓未成年人理解法律背後的理念，才能真正讓未成年人自覺守法，防止更多犯罪事件發生。

> **請問「香港再出發大聯盟」成立的目的是什麼？**

　　「香港再出發大聯盟」是於二零二零年五月五日成立，一共有一千五百名共同發起人，組織架構方面由兩位前特首董建華及梁振英

擔任總召集人，我是聯盟的秘書長，另外尚有十二位副秘書長。

這個組織並非一個智庫，是一個凝聚民間力量去做實事的機構。

我們有如下四個目標：堅守「一國兩制」香港要再出發、重振經濟民生要再出發、重歸法治穩定要再出發、必須團結繁榮要再出發。

我們堅信只有「一國」才有「兩制」，有穩定才會繁榮，有繁榮才有民生，我們倡議發起成立「香港再出發大聯盟」，以「堅持『一國兩制』，共建穩定繁榮香港」為宗旨。

最近我們推出大聯盟主題曲《再出發》（由鍾鎮濤領唱），歌曲深受廣大市民歡迎，而歌詞內容亦說出大聯盟主旨和廣大市民心聲。

（此文 2020 年 11-12 月發表於《亞洲週刊》第 48 期，略有修改）

66 受訪感言

　　謝悅漢先生在去年11月曾經隻身來到辦公室訪問過我。我對他的印象是比較深刻的，從一個被訪者的角度來說，我清晰地感到他是做足功課、有備而來的。圍繞香港國安法、粵港澳大灣區發展，以及全國人大常委會日常工作等多個話題，他向我提出了10多條香港社會大眾都普遍關心的問題，我亦盡力給予解答。過了不久，謝先生給我發來信息，告訴我訪問文章已經刊登於11月30日出版的第四十八期《亞洲週刊》之中。該訪問文章我後來亦看過了，其內容是忠實地反映了我的意見。

　　香港是一個國際大都會，言論自由受到國家憲法和香港基本法的保障。無論是過去、現在或是將來，我認為香港社會始終是開放包容的，我熱切期望香港的新聞從業員能夠堅持職業操守，繼續從不同角度忠實地反映社會各界不同觀點，努力為「一國兩制」的香港特區建言獻策。

譚耀宗

葉劉淑儀

一九五零年出生於香港。香港大學文學士（主修英國文學）、英國格拉斯哥大學碩士（主修英國文學）、史丹福大學工商管理碩士、史丹福大學東亞研究文學碩士。曾任入境事務處處長、保安局局長。現任新民黨主席、匯賢智庫主席、立法會議員、行政會議成員。

葉劉淑儀暢談香港與國安法

　　葉劉淑儀全力支持香港國安法，並指出英國對持 BNO（英國國民（海外）護照）的港人所說全是甜言蜜語，只是延長逗留期，而非定居權。她並揭「港獨」與「台獨」勾結、香港教育「去中國化」的弊端。

　　最近國安法課題在香港沸沸揚揚，令許多香港人聯想起十七年前的基本法二十三條本地立法爭議。當年負責主推這條關於維護國家安全法例的，是時任香港特區政府保安局局長葉劉淑儀。她現任香港立法會議員、香港行政會議非官守成員、新民黨及「匯賢智庫」主席，也是香港歷史上首位出掌紀律部門的女性。她在二零零二年九月開始推動二十三條立法，公眾因未能消除

疑慮，在反對派煽動下，二零零三年七月一日號稱有五十萬人上街遊行示威。她在訪問時表示，當時她家住在半山，她可以聽到市民遊行示威時高呼口號，令人震撼，是她畢生難忘的事件。最終因各種形勢所迫，基本法二十三條立法被擱置；而她本人也在同年七月十六日辭職，成為首批辭職的問責局長之一。

葉劉淑儀辭職後於同年赴美國留學，入讀史丹福大學東亞研究碩士班。她由中學就讀聖士提反女子中學，畢業後進入香港大學，全部皆名校。她考入政府部門，因在各個職位上都表現優異，最終領導以男性為主的紀律部門，展現其驚人的毅力、魄力和意志力。

葉劉淑儀於二零零六年回港，立即成立「匯賢智庫」，就社會事務發表意見。二零一一年一月她組建新民黨，又曾分別於二零一二年及二零一七年宣布參選行政長官，但最終因各種原因與特首職位無緣。

從十七年前的二十三條立法到如今中央訂立的香港國安法，葉劉淑儀都身處漩渦中，她對相關議題有獨到見解。以下是訪談內容：

❝ 英國表示要協助 BNO（英國國民（海外）護照）持有人留居英國，您有何看法？

英國整件事是「賣口乖」（耍嘴皮說好聽的話），實際上對香港人很刻薄。可能大家未必知道，英國和阿根廷為爭福克蘭群島（阿根廷稱馬爾維納斯群島）打仗，戰後福克蘭人毋須去英國定居都可以取得正式護照。我在任保安局局長時，英國駐香港首任總領事曾對我說，英國已預備了二十五萬個擁有定居權英籍護照，給予百慕達、英屬處女群島等最後殖民地的人民，不用赴英居住。現今英國只說考慮給予BNO護照持有人「逗留期」由六個月延伸至十二個月。另外，英國現

今實施移民打分制，用 3S〔skills（技能），shortage（專業缺乏），salary（薪水）〕來評估申請移民標準，以英國當今惡劣經濟情況，港人移居英國能找到工作嗎？而且要工作和定居五年才享有社保及國民醫療待遇，在此期間 BNO 持有人要自行支付昂貴的醫藥費，大家知道嗎？此外，中國和英國在一九九七前簽訂的備忘錄聲明，英國承諾不會提供居住權給 BNO 護照持有人，現今英國食言爽約，公然違背承諾，中國外交部已為此事向英國提出嚴正抗議。

66 您全力支持訂立香港國安法，是什麼原因呢？

近年來，香港特別行政區維護國家安全風險凸顯，「港獨」、分裂國家、暴力恐怖活動等各類違法活動嚴重危害國家主權、統一和領土完整，一些外國和境外勢力公然干預香港事務，利用香港從事危害國家安全的活動。為了維護國家主權、安全、發展利益，堅持和完善「一國兩制」制度體系，維護香港長期繁榮穩定，保障香港居民合法權益，所以國家要推行香港國安法。

而香港過往在「顛覆」及「分裂」方面的確是個漏洞，大家都目睹過去一年的動亂，香港過去被稱為「最安全城市」的美譽已被打爛。在此種情況下，怎會吸引遊客來香港購物觀光和令一些優秀人才來香港工作？

至於會否有「秋後算賬」，根據公民權利和政治權利國際公約第十五條及基本法，都沒有說明有追溯權，大家毋須胡亂猜測。

66 香港警隊換了「一哥」，士氣大振，將來香港實施國安法時是由本港警隊執法或另立部門？

中央在香港設立的維護國家安全機構可以觀察、分析等等，具體

執法應該還是由本港警隊來執行。當然,如有需要,也可另外設立部門。

66 中美博弈有何演變?

美國對中國現今不是在貿易博弈,而是在冷戰(cold war),美國是對中國全方位打壓,包括限制中國留學生、中國駐美傳媒代表的人數、對高科技公司的種種限制。本來香港和美國之間要建一條海底光纖電纜,就因為美國指參與此項建設工程,其中有一個投資者是中國企業,美國就反對此項龐大工程。

66 美國要取消給予香港特殊待遇,您有何看法?

可能大家有所不知,香港享有的「最惠國待遇」是世界貿易組織給予而非美國,所以不會影響歐盟及其他國家對香港給予「最惠國待遇」。而且美國和香港的貿易是美國獲得巨大順差,故此取消港美間貿易待遇對香港影響甚微,但對美國則不利。

66 有人說現今公務員隊伍有三分二是反政府的「黃絲」分子,真的嗎?請問如何改善?

《公務員守則》訂明所有公務員需保持政治中立。我亦有建議所有公務員須宣誓效忠中華人民共和國香港特別行政區。

66 「黃絲」傳媒假借新聞自由和言論自由抹黑特區政府及中央,如何改善?

傳媒出現問題,假借新聞自由等等抹黑政府,主要是因為特區政府缺乏勇氣、承擔及能力,長時期放棄話語權,沒有反駁一些歪理及

偽命題，才造成今天的局面。

　　香港素來都保障新聞自由和言論自由，但是自由不是絕對的，必須與維持社會穩定、國家安全等取得平衡。只要合乎比例，傳媒可以自由報道和評論。

66 醫護人員於今年二月罷工後，您如何為求助苦主伸出援手？

　　我曾接獲二十七宗投訴個案，亦曾親自聯絡醫管局聯網服務總監高拔陞，反映病人苦況，亦解決部分問題。不過，有兩宗是病人因手術延誤，無法醫好視網膜，導致她們無法工作，由於她們都是基層市民，生活比較艱苦，新民黨正安排提供法律援助，為她們爭取應得的權益和賠償。

66 「港獨」是否和「台獨」串聯？

　　絕對是，根本「港獨」有很多行動和模式是模仿「台獨」，它們是同流合污。暗裏提倡「港獨」者，鼓吹研習「香港史」，把中學課程「去中國化」，削弱年輕人的國民身份認同。

66 您對香港目前教育亂象有何意見？

　　香港教育最大的問題是「去中國化」和「價值觀」出錯，例如二零二零年中學文憑試（DSE）歷史科（世史科）涉及中日關係的試題，題目問及考生是否同意「一九零零至一九四五年間，日本為中國帶來的利多於弊」的說法將歷史科通識化，不符史實和片面。

　　教育在多方面都有嚴重問題，課程問題、考評問題、價值觀問題及教材問題。我親自收到家長投訴，指有些老師非常不負責任，在講課時刻意挑撥離間中傷抹黑國家，以及散播仇恨警察言論。

66 為何您會有如此深厚的愛港愛國情懷？

我父親是南洋華僑（新加坡），他曾將自己物業捐給《華商報》，而我母親是非常愛國的客家人，我外公曾在蔡廷鍇將軍率領的十九路軍麾下任團長。

我中學讀聖士提反女校，校長是愛爾蘭傳教士，他非常尊重中國傳統文化；教我中文的老師，是著名書法家佘雪曼的太太，當她教到「甲午戰爭」歷史時，情不自禁痛哭失聲。當時教中文和中國歷史的老師，都是從內地移居香港的老師，他們上課時是穿長衫，小學時我已經學習詩詞歌賦，所以由小至大我都已經受中國文化氛圍影響。對於今日有青年人在街頭揮舞英美國旗，我內心非常難過。

66 您曾經出版自己的著作，現今工作如此忙碌，是否有空寫作？

我現今仍為多家報章及雜誌寫專欄，亦計劃每年都會有著作出版。

（此文 2020 年 6 月發表於《亞洲週刊》第 24 期，略有修改）

❝ 受訪感言

回顧我於去年 6 月接受謝悅漢先生訪問，我當時表態全力支持國安法立法，至今我仍認為國安法對穩定香港情況是非常必要，而且事後看來，這亦是中央政府非常明智之舉。

我亦對英國違反《中英聯合聲明》，給予 BNO 護照持有人一個新的取得居英權的權利，我是感到憤慨和不滿。一方面是英國言而無信，另方面我亦苦口婆心奉勸港人對移居英國要三思而行，我對這方面仍維持此種看法。

寫作是我的興趣之一，雖然日常工作非常忙碌，我現今仍在多家報章及雜誌寫專欄，亦計劃每年都會有著作出版。

上述都是我在專訪中的意見，亦可算是我的感言吧。

葉 劉 淑 儀

梁愛詩

一九三九年生於香港，香港大學法律系碩士。回歸後首任律政司司長。曾任香港特別行政區基本法委員會副主任委員。

梁愛詩闡述基本法與「一國兩制」變形原因

"

　　梁愛詩指出，香港特區政府根據全國人大常委會的決定，撤銷四名立法會議員的資格，有堅實法律基礎。許多人對基本法充滿誤解和扭曲，甚至演變為衝擊中央政府、衝擊特區政府的行為。對此等現象，中央政府不得不出手解決問題。

　　近期香港最熱門新聞，首推四名立法會議員楊岳橋、郭榮鏗、郭家麒及梁繼昌被撤銷議員資格（DQ），其後十九名反對派議員宣布「總辭」，事件不僅在香港造成軒然大波，亦引起國際社會注意，英美兩國均發聲明表示關注事件發展。

　　實施「一國兩制」的確是非常艱巨的任務，因為沒有任何國家和歷史實例可以借鏡。基於內

地和香港兩地文化、歷史、法律體制和法律語言文字不同，有爭拗和誤解在所難免。但有一項前提是放諸四海皆準，就是「國家的主權和領土完整是不容侵犯和分割」。

香港特區政府首任律政司司長、香港基本法委員會前副主任委員梁愛詩接受專訪，詳細解釋四名議員被 DQ 的原因，並指出香港許多人對基本法仍有誤解。

在這次訪問中，筆者獲梁愛詩贈兩本書，分別為《中國憲法和基本法及相關法律文件》及《飛鴻踏雪──紀念香港基本法實踐二十年》，兩本書內容對寫這篇訪問文章均有極大幫助。而《飛鴻踏雪》提及香港問題的複雜性以及基本法未完善之處，須由人大釋法原由亦有詳盡說明。

我看完這兩本書後，慨嘆香港市民有多少人了解基本法立法的過程和初心，部分存有不良居心的政客、法律界和意見領袖對基本法蓄意錯誤解釋和誤導市民，包括此次四名反對派議員被撤銷資格，並非反對派所說「中央不兌現『一國兩制』的承諾，肆意濫用僭建於基本法上的權力，剝奪香港原有的核心價值」。其實全國人大常委會這次決定都是有法可依、有理可據。以下是訪談內容：

66 全國人大常委會憑什麼決定四名立法會議員喪失資格？

全國人民代表大會是國家最高權力機構，按憲法第三十一條負責制定香港特別行政區的制度。全國人大常委會是它的常設機關，按憲法第六十七條，負責監督憲法的實施。按照憲法第五十二條和五十四條，中國公民有維護國家統一和全國民族團結的義務和維護國家安全的義務，這些義務在基本法第一百零四條和香港國安法體現出來。全國人大常委會上述決定，清楚地列明它上述的法律依據。人大常委會

的決定指出，因宣揚或支持「港獨」主張、拒絕承認國家對香港的主權、尋求外國或境外勢力干預特區事務、或具有其他危害國家安全行為的立法會議員，是不符合擁護基本法、效忠香港特區的法定要求和條件，「一經依法認定，即時喪失立法會議員的資格」。

根據全國人大常委會在二零一六年一月七日作出關於基本法第一百零四條的解釋和香港國安法第六條，因宣揚或支持「港獨」主張、拒絕承認國家對香港擁有並行使主權、尋求外國或境外勢力干預香港事務，或有其他危害國家安全行為的，都不符合擁護中華人民共和國香港特別行政區基本法、效忠中華人民共和國香港特別行政區的要求和條件。

大家有目共睹，上述四人屢次拒絕承認國家對香港擁有主權、走去外國游說制裁香港及官員，損害香港和國家利益，慫惠並給予外國有干預香港事務的藉口。在原定今年第七屆立法會選舉報名時，經選舉主任依法認定他們四人這些行為，他們因而被取消議員資格，完全是咎由自取。

66 有責任維護「一國兩制」？

有些人辯說行政長官尋求全國人大常委會決定沒有法律依據，也不符合程序，是錯誤的，我認為這個說法不對。今年五月二十八日，全國人民代表大會通過《關於建立健全香港特別行政區維護國家安全的法律制度和執行機制的決定》，便是作為國家的最高權力機構和負責制定香港特區制度的機構，它有責任維護「一國兩制」在港實施，解決香港自己不能解決的問題。基本法第七十九（七）條雖已有立法會議員因偽誓失去議席的規定，但因長期議會內反對派擁有超過三分之一的議席而等同虛設。因此為使基本法第一百零四條能實施，全國

人大常委會有責任作出這個補充決定。記得鄧小平先生便說過：「切不要以為香港的事情全由香港人來管，中央一點都不管，就萬事大吉了。這是不行的，這種想法不實際。中央確實是不干預特別行政區的具體事務的，也不需要干預。但是，特別行政區是不是也會發生危害國家根本利益的事情呢？難道就不會出現嗎？那個時候，北京過問不過問？難道香港就不會出現損害香港根本利益的事情？能夠設想香港就沒有干擾，沒有破壞力量嗎？我看沒有這種自我安慰的根據。如果中央把什麼權力都放棄了，就可能會出現一些混亂，損害香港的利益……」

近年中央領導人便看到「一國兩制」有變形、走樣的趨勢，如果在制度上不走回正軌，越走越遠時怎麼辦？事實上中央的領導在特區建設的初期，都是採取較容忍的態度，儘管有些事情的發展不大如意，也沒有馬上採取嚴厲的措施，例如居港權、法輪功、莊豐源案、政改、國教問題等，相信隨着市民對「一國兩制」和基本法的理解和制度的建立和發展，香港的問題能夠自我糾正，使基本法的落實能更符合中央對特區的基本政策和初心。近年事態的發展，讓我看到原來許多人對基本法仍然充滿誤解和扭曲，甚至演變為衝擊中央政府、衝擊特區政府的行為等種種現象，實在令人痛心和失望。正因此，中央政府不能不出手為香港解決問題。

❝ 為什麼「香港獨立」（「港獨」）不可行？

「香港獨立」是把香港從中國分裂出去，另建立一個國家。在法律上，它違反憲法、基本法和其他法律。

（一）基本法的序言說明，特區設立的目的是為了維護國家的統一和領土完整，保持香港的繁榮和穩定。

（二）基本法第一條開宗明義地說，香港特別行政區是中華人民共和國不可分離的部分；第二十三條要求「特區政府立法禁止任何叛國、分裂國家、煽動、叛亂、顛覆中央人民政府，及竊取國家機密的行為」。

（三）憲法第五十二條規定，公民有維護國家統一和全國各族人民團結的義務；第五十四條規定，公民有維護祖國的安全和利益的義務，不得有危害國家的安全、榮譽和利益的行為。

（四）《中華人民共和國國家安全法》第十一條明確指出，「中國的主權和領土完整不容侵犯和分割，維護國家的主權統一和領土完整，是包括港澳和台灣同胞在內的中國人民的共同義務。」

一個國家的形成，是由同一血緣、語言、文化和歷史，把一個民族凝聚起來。香港居民的祖先絕大部分是來自中國，百分之九十八港人是中華民族。英國承認雙重國籍，因此回歸前大部分香港居民保留中國國籍。中國文化有上下五千年的歷史，香港的經濟命脈和內地緊密相連，這些聯繫是沒有辦法切割，況且香港根本沒有防衛的軍力，實際上，是沒有成立一個「獨立國家」的條件。

66 什麼是「民族自決」？

「民族自決」簡單來說，就是讓殖民地或其他形式外來統治或外國佔領的人民、國家或地區，在沒有外部壓迫或干擾的情況下，可以自由地決定他們的政治地位，謀求他們的經濟、社會和文化的發展。

一九六零年十二月，聯合國通過《關於准許殖民地國家及民族獨立自主宣言》；在一九六一年，聯合國成立了非殖民化特別委員會。中國政府於一九七二年致函非殖民化特別委員會，聲明香港和澳門是被英國及葡萄牙佔領的中國土地的一部分，解決香港、澳門問題完全

是屬於中國主權範圍內的問題，不屬於通常的「殖民地範疇」。該委員會隨即做出決議，並經聯合國大會投票以九十九票贊成五票反對，決議把香港和澳門在殖民地名單中剔除。因此，香港的主權屬於中國是無可置疑的。

有人認為「香港獨立」和「民族自決」，雖然法律和事實都不容許，但基本法給他們言論、出版、結社、集會、遊行、示威的自由，包括思想、信念、意見發表自由，談論或提倡「港獨」和「民族自決」，是市民的基本權利。不過，這些權利的行使附有特別責任和義務，政府得為保障國家安全或公共秩序依法予以合理的限制。聯合國大會第一五一四號決議也聲明「任何旨在部分地或全面地分裂一個國家的團結和破壞其領土完整的企圖都是與聯合國憲章的目的和原則相違背的」。「港獨」或「民族自決」既然不合法，倡議者會用種種不合法的手段去爭取，甚至使用武力、暴力同其他嚴重的違法行為，損害社會安寧和國家安全，影響中央和特區關係，阻礙香港的正常發展。

有人認為達至「港獨」，可以提出修改基本法，便可合法地爭取。但是基本法第一百五十九條規定，「基本法的任何修改均不得同中華人民共和國對香港既定的政策相抵觸。」不論是在二零四七年前或後，「一個中國」是國家的基本政策方針，絕對不能修改，主權是國家絕對不能妥協的議題。

港人對基本法認識不足

❝❞ 您認為港人對「兩制」的不同有足夠的認識嗎？

毫無疑問，基於「兩制」的不同，初時對基本法掌握不夠，尤其是香港原有法律移植自英國，在殖民教育下，港人對國家意識淺薄，

對國家制度認識不夠，加以香港法律界對原有法制有優越感，只按普通法原則解釋法律。本來普通法的優勢是它的靈活性，亦尊重立法原意，隨着案例的發展和五次人大釋法，法律界應該對它的認識越來越深入。靜態的基本法與動態的普通法結合起來，讓我們的法律制度得以茁壯成長。可惜有部分人只管保全原有法律制度不變，拒絕接受或正確解讀基本法下的新規定，例如「一國兩制」、香港的法律地位、中央和特區的關係、中央的權力、中央在特區政制發展的角色、全國人大常委會的法律解釋權等等，實質是拒絕接受回歸的事實，窒礙了新的法制的順利發展，許多時的爭議由此引起。

落實基本法返回正軌

66 香港在執行落實基本法方面是否有可改善之處？

即使直至目前，香港仍有很多人對基本法內容認識不足，也有人故意誤導市民，這便是造成社會上很多誤解、矛盾、衝突和混亂的原因。過往凡涉及內地的事宜，例如「一地兩檢」、國民教育、二十三條立法、政改方案、港珠澳大橋興建，反對派便藉此大做文章，有時甚至將問題抹黑和妖魔化，藉機製造反中仇中氛圍。

所以今後在落實基本法方面，必須從制度上「立規明矩」，返回正軌，做到不走樣、不變形。香港回歸超過二十三年，我認為憲法和基本法應該納入正規課程，讓市民從小便認識國家和特區的憲制，加強國情教育，使他們有對國家和民族的認同，對國民身份的認受，讓香港融入國家的管治而不失其獨特之處，那才是真正的回歸。

（此文 2020 年 11 月發表於《亞洲週刊》第 47 期，略有修改）

❝ 受訪感言

　　在這次訪談期間，當時最熱門新聞是有四名立法会議員資格被取消，弄致滿城風雨，謝悅漢先生向我提出此問題時，我向他詳述事件來龍去脈，在訪問文章已有報道，值得大家細閱。

　　我曾多次提及中央是真心誠意推行「一國兩制」，不忍見到攬炒派勾結外部勢力擾亂民心，破壞香港的穩定，人大每次對香港法律釋法，都是於法、於理、於情做出正確決定，並且真心期望香港再次成為燦爛輝煌的東方之珠。

　　我深知實施「一國兩制」的確是非常艱巨的任務，因為沒有任何國家和歷史實例可以借鏡，但有一項前提是放諸四海皆準，就是「國家的主權和領土完整是不容侵犯和分割」。

　　我必須指出，「港獨」分子尋求外部勢力干預香港事務，或作出其他危害國家安全行為，都不符合基本法規定。我很珍惜這次訪問能讓我暢所欲言，而謝先生又將我的談話內容如實報道，供大家參考。

梁愛詩

湯　家　驊

湯家驊解讀香港國安法

一九五零年出生於香港，廣東新會人，香港大學法律學士、牛津大學民事法律學士，資深大律師，現為香港行政會議非官守成員。一九九九年至二零零一年出任香港大律師公會主席，二零零四年至二零一五年任香港立法會議員，代表新界東選區。前公民黨和四十五條關注組成員，二零一五年宣布退出公民黨。

　　湯家驊表示，美國是以國安法為名，打壓中國和香港特區，而美國打壓言論自由和貿易自由，違反人權和自由，遠比它指控的香港嚴重。

　　香港行政會議成員湯家驊也是資深大律師，對於香港的法治議題，常有精闢的分析。

　　香港是一個法治社會，但近年來有法律學者倡議所謂「違法達義」，有攬炒派和本土派不斷煽動鼓吹暴力革命和「顏色革命」，破壞法治社會精神。亦有市民相信口號「警察捉人，法官放人」，動搖對法治的信心。

　　對於最近中央出手訂立香港國安法，反對派議員和攬炒派支持者大肆抹黑國家，要推倒「一國兩制」。而美國更配合攬炒派

推波助瀾，頒布「香港人權與民主法」，要求美國政府制裁「負責侵犯香港人權的中國內地及香港官員」，隨後又宣布制裁中國內地和香港共十一名官員名單。

公民黨是反對派中主流及大黨之一，於二零零六年三月成立，當時湯家驊亦屬創黨成員。湯家驊因一直堅持要與中央保持溝通，就政改的立場與該黨發生嚴重分歧，所以他於二零一五年宣布退黨，曾經震動政壇，他本人亦受到抹黑和猛烈抨擊。

香港過往引以為傲的法治社會、金融中心地位，是否從此一去不返？香港在中美博弈中，何去何從？湯家驊娓娓道來。以下是訪談內容：

66 有關壹傳媒創辦人黎智英被拘捕，您有何看法？

由於目前這件案已進入司法程序，所以不便多言和作出評論，但可以根據國安法和刑事條例作出解釋。當然，市民最擔心的，便是國安法是否會被隨便濫用，以及會否作為打壓市民的政治工具。

根據香港國安法相關規定，犯案事件須於國安法實施之後發生，才會引用此項法例。從今次事件看來，這件案情應相當嚴重，但內情如何，大家不得而知。不過，此案件必須得到律政司書面認可及法庭發出搜查令證書，所以看來應有一定的表面證據。

其次，就是為何國安法生效實施之後，仍有人夠膽以身試法。由於此事件受到社會及國際高度關注，相信政府有關部門一定會小心行事。

66 為何美國對香港國安法實施有如此強烈反應？

事實上，世界上每個國家都有國安法例，美國有關國家安全法例

都有二十多條，特朗普以國安法為名，制裁中國內地及香港官員，打壓華為、中興、TikTok 等中資企業，其實是打壓言論自由和貿易自由，是營造不公平的營商環境。美國今日所做的一切，都是違反人權和自由，遠比它指控的香港有過之而無不及。

香港國安法第四條清楚列明，世界上最權威的兩套有關人權法例，即國際人權公約以及經濟社會及文化權利公約（簡稱「經社文公約」），皆在法例下繼續適用。這是舉世認同的核心價值，包括自由和尊重基本人權。相比美國的國家安全法，香港國安法是更加完善。

香港國安法第五條亦涵蓋大家公認的法治基本原則，例如無罪推定、有權保持緘默、有權要求請自己律師等。美國怎可以蠻橫無理指責國安法是侵犯和剝削港人的人權呢？

此外，美國又指國安法是違反中英聯合聲明，其實中英聯合聲明完全無提及國家安全問題。至於港人人權與國家安全，兩者毫不衝突，所以在法理上說，美國的指控是站不住腳的。只要市民奉公守法，是完全不受國安法影響。所以唯一解釋，美國是以國安法為名，打壓中國和香港特區。

66 目前美國對香港的打壓，香港要如何應對？

根據我個人的觀察及估計，在十一月美國總統大選之前，特朗普會繼續增加打壓中國，甚至會連同其他盟國一起打壓中國，希望投資者會盡快離開香港。不過，從地理環境而言，香港背靠祖國，亦是最接近中國內地市場，再難找到其他地方可代替香港。

另外，尚有在美國上市的四十多間中國企業，亦會被美國逼走，重投香港股票市場。以商業角度而言，全世界的商人都只會去有錢賺的地方，香港就是他們賺錢的地方，所以為何他們要離開香港，這完

全說不通。美國對香港的所有制裁和打壓，短期而言，香港是有壓力的，但香港人久經風浪，定能渡過難關。

❝ 立法會議員郭榮鏗在立法會內務會議拖拉耽延選舉主席超過半年，有否違法？以及議事規則是否有不周之處？

郭榮鏗在立法會內務會議拖拉耽延會議選舉主席，這是屬於濫權問題。議員所獲乃公授權，他利用公權和政府討價還價，來達到其個人政治目的，這是不當行為，但不是犯刑事罪，最多只能是民事案件，是可以提出禁制令。

但在政治上，無議員願意提出司法訴訟。其實大會主席及內務會議主席，是可以提早介入此事，我亦曾提議他們早些介入，便可毋須拖延如此久。經此一役，相信立法會議事常規會回復正常，議員濫權事件應會少見。

❝ 就反修例事件，為何律政司檢控工作如此緩慢，有何改善辦法？

目前檢控工作是滯後的，亦是不太理想。最主要原因是被起訴人數近萬人，而搜證工作相當困難，因為現場情況混亂，個個示威者都是穿黑衣、戴口罩及蒙面，因此並非容易入罪。

警方有見及此，已加緊招募人手，甚至請回一些退休人士做文書工作，但依然清理不了這麼多案件。在律政司方面，亦沒有足夠律師做檢控工作，雖然可以將案件外判，但又擔心有部分律師有顏色及立場，法庭方面亦是人手不夠。以「佔中」事件為例，要在事發後約兩年時間才清理完案。如果以現今情況和「佔中」相比，其實效率已有提升，且已有人被判監坐牢。

至於有人提議設立特別法庭加速處理，這並非能否成立的問題，

這會涉及政治問題，可大可小，必須要再三思考。

66 您認為香港享有充分言論自由嗎？

我覺得部分香港人對「言論自由」定義理解不夠，因為言論自由都要受到法律合理限制，而且有一定界線。言論自由和人權及法治精神可以並存，而且要看政治環境，言論自由不能無限制、無界線。

我自己亦曾在個人社交網頁發表了一篇題為《香港變了》的網誌，文中便論及言論自由，「今天扼殺我們言論自由的竟然不是制度或政府，而是這個社會」。現今如同活在一種獨特的白色恐怖中，我們不敢輕易公開表達意見，因為每一次嘗試行使這舉世認同的權利時，我們以至家人、朋友，會受到網上種種無法忍受的抹黑、謾罵、詛咒甚至威脅。我曾引用思想家伏爾泰的名句「我不同意你的觀點，但我誓死維護你表達的權利」，強調這是民主的精髓，也是核心價值的支柱。

66 能否比較澳門和香港在法律方面有何不同之處？

澳門和香港不論在政治和文化方面，都有極大不同，澳門人口只有五十萬人，比香港沙田區人口還少。香港是一個國際大都會，有大量投資活動和許多外國人居住。

澳門是實施大陸法，而香港則推行普通法。我覺得大陸法和普通法是在程序上有分別，但在貿易原則及民事調解方面，有許多相同之處。

66 由您發起創立的「民主思路」智庫，發展情況如何？

「民主思路」（Path of Democracy）是一個香港智庫組織，於二零一五年六月八日成立。「民主思路」認為民主發展需以溫和的態度，

與中央政府進行互信的溝通，並在「一國兩制」、「港人治港」、高度自治的大原則下，爭取民主發展的最大空間。

「民主思路」發展相當不錯，成員人數遠比創立時多。此外，現今又和香港大學專業進修學院合辦「資深行政人員文憑（政治領袖）課程」，歡迎對政治及從政有興趣的人士報讀。學生本身的政治取向並非課程招生的考慮因素，但報讀者須持有由認可大學頒發的學士學位（或同等學歷），若具備相關工作經驗，可予以特別考慮。整個課程為期約一年，全期學費港幣二萬五千元，亦可申請學費減免。這項課程可提供給有志從政人士報考，會有助他們日後在政壇上發展。

❝ 您的全家都是法律界人士，可否告知原因？

我的太太楊蕙蘭是事務律師，是我上大學時的同學，我們是因讀法律而相識。我的兒子亦是律師，但我們沒有要求他讀法律。相反，我曾經勸喻他，父母在法律界頗有地位，他讀法律會有很大壓力，但他仍堅持要讀法律。

（此文 2020 年 8 月發表於《亞洲週刊》第 34 期，略有修改）

❝ 受訪感言

當謝兄說要訪問我時，沒想到這訪問最終會被集結成書，更沒想到訪問會被收錄在這名為《心繫香港事——與二十位名人對話》的書中，間接把我提升至名人之列，實在有點受寵若驚。

細看書中其他受訪者，均是一些真正響噹噹的政治人物，更令我自慚形穢。但在細閱其他訪問之時，又覺得名人與否並不重要，重要的是言之有物，特別是對梳理和了解「一國兩制」及特區錯綜複雜的政治形勢有獨特和深入的見解。

有些人可能認為這書中的受訪者均是一些「建制派」或幾近「建制派」的政治人物，這是觀感上的問題。我一向認為道理便是道理，不會因為講者的政治立場而把真的變成假的，對的變成錯的；這正正是我們在香港每天面對的最大問題。在「一國兩制」下，「一國」似乎與「兩制」被一些人視為楚河漢界，誓不兩立，這種以政治立場判斷道理的真偽才是我們及「一國兩制」最大的敵人。

希望不同政治光譜的人會對這本書感興趣。也多謝謝兄給我一個躋身於這名人之行列，一抒拙見的機會。

湯家驊

第二章

香港與內地

何君堯

一九六二年出生，香港新界屯門原居民，祖籍廣東。具有香港大學專業法律文憑，獲得新加坡、英格蘭及威爾斯執業律師資格，一九八八年成爲香港高等法院執業律師，是何君柱律師樓資深合夥人，曾任香港律師會會長。二零一六年一月至二零一九年十二月任新界屯門樂翠區議員，二零一六年首次當選爲香港立法會新界西選區議員至今。

何君堯暢談港事國事個人事

香港立法會議員何君堯近日竭力推動二十三條通過立法，認爲中央具有直接管轄香港的權力。他過去一年經歷父母家墳被毀、辦事處遭破壞、個人被襲擊刺傷、被褫奪博士學位，依然不懼橫逆。

訪問何君堯這位近年風頭甚勁的政壇人物，甚難下筆。與他做專訪，真是有說不完的話題。由他最近力推基本法二十三條立法，至香港教育是否有嚴重問題；由他遭暴徒刺殺，至是否想做特首，他都毫不猶豫有話直說。在大是大非前，他勇往直前。

何君堯不畏人言，不懼是非，不怕抹黑，無視打壓，披荊斬棘誓與反對派抗爭，在訪問中

他流露出以龍的傳人為傲，是一位顏色鮮明、無懼敢言的議員。

　　他不遺餘力推動二十三條立法並爭取在今年立法會七月十六日休會前可以通過，在兩個月期間取得二百萬市民簽署支持。他看起來是孤軍作戰，但得道者多助，不管最後成績如何，他這番努力和苦心是全港市民有目共睹的。以下是訪談內容：

66 **為何您如此落力推動二十三條立法？**

　　二十三條立法是香港憲制上的責任，絕非是我何君堯提出，由一九九零年至今已有三十年，但在香港一直未能立法。只要看清楚二十三條內容，是列明六種違法行為不能在香港發生，香港特別行政區應自行立法禁止任何叛國、分裂國家、煽動叛亂、顛覆中央人民政府及竊取國家機密的行為，禁止外國的政治性組織或團體在香港特別行政區進行政治活動，禁止香港特別行政區的政治性組織或團體與外國的政治性組織或團體建立聯繫。

　　現今反對派經常喊口號「光復香港，時代革命」，根本就是分裂香港。中共去年召開十九屆四中全會，會議公報提出，建立健全特別行政區維護國家安全的法律制度和執行機制。

　　我提出就二十三條立法，絕非是個人一時興起，因為我競選立法會議員的政綱，是「撥亂反正，破格求變，推動二十三條立法」，我要對三萬多支持我的選民，兌現自己的諾言。

66 **全國人大常委譚耀宗表示可以明年八月之前將二十三條立法都不遲，您的看法如何？**

　　譚耀宗說可以等到明年八月份二十三條立法也不遲，而我個人意見是目前建制派在立法會至少擁有四十三票，如果建制派於今年九月

立法會選舉失敗，則何來可以將二十三條立法？

我曾先後問過兩任特首，包括梁振英和林鄭月娥，何時可以將二十三條立法，他們都沒有給我一個肯定的答覆。我又於二月十六日和特首林鄭月娥午飯時提出，她又推說現今推行二十三條立法，氛圍仍未成熟。

66 為何您認為現今推行二十三條立法是好時機？

我自己發動一些支持我的團體，於今年二月二十二日發起網上聯署，並誓言要取得二百萬市民在網上簽署支持。結果由二月二十二日至四月二十六日約兩個月時間，共取得超過二百萬網上簽名，這是一個非比尋常的成績。

現今推行二十三條立法已具有四大要素：一、氛圍：有二百萬市民網上簽名支持。二、條例草案：一早已準備好草案，只不過當時（前立法會議員）田北俊臨門退縮。三、諮詢：我們經過近三十年諮詢期，難道時間不夠長嗎？四、立法時間表：在今年七月十六日休會前立法是最佳時機，否則夜長夢多，所以六月是關鍵。

66 最近國務院港澳辦及香港中聯辦頻頻對香港事務發聲，為何？

中央是根據憲法第三十一條收回香港，所以香港實行「一國兩制」五十年不變，但並不表示在這五十年之內是完全不變。我的看法是，五十年不變的只是生活方式不變，因為當初中央接收香港時，如果一時之間大變，會令香港市民一時之間難以適應。

中央有直接管轄香港的權力，主管港澳事務部門對香港事務發聲，有何不妥？但反對派只是提基本法二十二條，他們聲稱中央各部門不得干涉香港事務，這完全是斷章取義。

國務院港澳辦和中聯辦是中央管治香港的機構，它們是中央的手腳，如果中央只能動腦去思考問題，卻不能用手腳去執行事務，這種說法是完全不通。

反對派策劃非法「佔中」和黑色暴亂，本土派要搞「港獨」，這根本是離經叛道。譬如騎馬要有韁繩去操控，現今這匹馬失控，中央是持有韁繩可以控制馬匹的走法。

66 您如何看「佔中」事件和黑色暴力對香港經濟的影響？

我指教育腐敗，就是教育界有戴耀廷這類人物作為人師。戴耀廷知道中央最重視香港金融中心地位，所以他就策劃要癱瘓中環，這就是「佔中」的主要原因，而戴耀廷是策劃和組織二零一四年「佔中」事件的主角。

二零一九年「黑色暴亂」是「佔中」加強版，亦是「港毒（獨）」的新版。財政司司長陳茂波公布，二零二零年首季 GDP 不見了百分之八點九，即是損失了六百多億，這是市民積聚的血汗錢，主要原因去年黑色暴亂的後遺症，加上今年初的新冠肺炎病毒，「兩毒」加在一起，令香港損失慘重。

我在前年出席香港大學一個法律座談會，戴耀廷亦有參加，他曾質詢我一些問題，我便反問他：「你的籍貫在哪裏？」他回答：「我是番禺人，但我從未回去過番禺。」他並以此為榮，因為他憎恨做一個中國人，只想做香港人。由他策劃的「佔中」事件及其後黑色暴亂，令香港的經濟懸崖式下滑。

66 中美博弈之際，香港人如何自處？

粵港澳大灣區（簡稱大灣區）是由圍繞中國珠江三角洲地區伶仃

洋組成的城市群，包括廣東省九個相鄰城市，以及香港與澳門兩個特別行政區，面積達五點六萬平方公里，截至二零一八年人口達七千萬，是中國人均 GDP 最高、經濟實力最強的地區之一。香港人是近水樓台先得月，黃金機會就在眼前。攬炒派妄想將香港變成美國第五十一州，抱美國人的大腿，聰明的香港人，怎會捨近圖遠？

66 對今日的香港教育制度有何看法？

今日的香港教育制度，已經完全腐敗和失控。例如今次中學文憑試考題，竟然會是「一九零零年至一九四五年期間日本對中國是否利多於弊」，請問會考生應如何作答？

當今的教育搖籃是掛在一條腐敗的支柱上，當支柱倒下時，搖籃上的學生腦袋亦都隨之墜落破損。

最具有諷刺性的，便是香港在英國殖民統治時代，英國人對教育管理得非常嚴謹，因為他們要中國人服服貼貼，所以設有「督學」制度，用來監察學校老師及學生，防止學生變成反對者從而造反。而香港回歸後，特區政府毫不重視教育管理，並撤銷「督學」職位。這就是今日香港人要食的惡果。

66 對於母校（英國安格利亞魯斯金大學）褫奪您名譽法學博士學位，能否說說您的心聲？

當然感到遺憾及不開心，但我的遺憾不在於自己。我想質疑的是，校方為何會在沒有向我本人查詢事件的情況下，只就單方面片面之詞，就作出相關決定？這是否代表着英國是政治凌駕一切呢？

不過我更感榮耀的，是中國政法大學頒授我為榮譽法學博士。所以，塞翁失馬，焉知非福。

❝ 您有否想過當特首？

當然！而且我日日都想。其實每個做立法會議員的人，有哪一個不想做特首？只不過是要講時機和際遇。

今時今日做特首，好像要走進摔角場，要和各個議員搏鬥。以前做特首是一件榮譽尊貴的事（honourable member），現今做特首並非是件榮耀的事（dishonorable member），因為會遇到反對派議員講粗言穢語、毫不文雅的話，看到林鄭月娥要忍氣吞聲便知道。其實林鄭是有權而不懂用，她是毋須要如此低聲下氣。

❝ 您對今日傳媒的亂象有何看法？

輿論本來是舌劍唇槍，但亦可以置人於死地。中文有句話，叫作「防川容易防口難」，即是說防禦河川氾濫容易，但防人們的口講是是非非是甚難的事。今日香港的個別傳媒經常製造假新聞。如果報道真實和良好的新聞，則有助社會和諧；如果傳播的是不良和煽情新聞，會製造挑撥離間和分裂，亦令社會風氣不好。今日香港的傳媒根本是間諜戰。

二十三條立法其中一條，就是要管控顛覆國家的訊息。在英國殖民統治時代，英國人對資訊管得非常之嚴。事實上，對新聞資訊的管理，太過嚴厲或太過寬鬆都不好。

❝ 能否講一下元朗「七二一」事件？

元朗「七二一」事件，是（時任立法會議員）林卓廷帶領暴徒參與打鬥。現今他扮成受害人，但其實整件事他是始作俑者，而他的家又並非在元朗。反而我家住元朗，在元朗站見到相熟朋友打個招呼，有何不妥？

❝ 您在屯門的多個辦事處多次遭縱火和破壞，雙親墳墓又遭人破壞，有何感受？

我在屯門的多個辦事處多次被破壞及縱火，很多暴徒以「光復香港，時代革命」為名，去「裝修」（毀壞）意見不同者的門面，以及「私了」（私刑毆打）對他們的暴行不滿者。我由於是他們的眼中釘，所以他們便對我作報復行為。

我的雙親墳墓慘遭暴徒惡意破壞，不僅沒有任何特區政府地方官員打電話來慰問，甚至還有人落井下石，說我祖墳越界，需要作出修正。事實上，多年前有關官員表示，有關祖墳越界，已是既定事實，和其他墳墓越界者會一併通融處理。現今這些地方官不僅不指責暴徒惡行，反而刻意算起舊賬，這些官員的冷血態度令我心寒。

❝ 您對香港公務員隊伍有何評價？

香港最大的公務員隊伍，有三分之二是屬於「黃絲」，且態度是親英美國家，對中央政府是抗拒的。例如香港電台在張敏儀主管時，是盡量美化當時的港英政府。現今港台卻反其道而行，經常醜化特區政府。我認為中央肯定會出手，要求港台改革。

❝ 您對特區政府的表現是否感到失望？

我覺得相當失望，特區政府表面好強，其實內裏中空，當別人要幫政府時，政府又不領情，甚至會罵幫它的人，指他為什麼如此多事。另一方面，特區政府在很多方面都失職，特別是政府沒有認真管理好教育，令教育今日演變成腐敗不堪。

❝ 您從政多年，並受過暴徒刺殺，內心有何感受？今後有何打算？

人都會有失落、焦慮和迷茫的時候，當然亦有恐懼的時候，我怎能例外。難道和警隊正面衝突和擲汽油彈的暴徒沒有恐懼嗎？他們更怕被警察捕捉到，要坐牢和前途盡毀。

我被一些支持我的市民稱為英雄人物，但我不會因此感到飄飄然。我亦知道有些人不喜歡我，甚至對我敵視，所以我才會受到暴徒近身刺殺。今後我會步步為營，小心自己的個人安全。

我知道自己是政治人物，並有很多人跟隨我。在過程之中遇到挫折失敗便抽身而退，會顯得自己是一個懦夫，並且會前功盡廢，但這絕對不是我。

我做過好多止暴制亂和撐警的行動，我覺得任何公民都應該如此做，就等於市民見到犯法事情，都應有見義勇為的行動。

不過我更加深明，不能期望政府事事幫你，因為政府不是你的父母兄弟，政府只是一個託管者，它不會有求必應，而且政府只是「鐵打的衙門，流水的官」。

我個人的信念是，做人要有方向感，我的方向便是「國家安全匹夫有責」。我能為香港市民服務和做好議員本分，就是我的職責，亦是我今後的使命和抱負。

（此文 2020 年 5 月發表於《亞洲週刊》第 21 期，略有修改）

❝ 受訪感言

　　過去兩年，香港面對過重大的政治危機。在天空陰霾密布、人人噤若寒蟬時，謝悅漢先生毫無畏懼，依舊堅持發表評論文章。

　　最近，他走訪逾 20 位社會賢達，包括立法會議員葉劉淑儀、立法會議員陳健波和行政會議成員湯家驊等，何君堯有幸是其中之一。

　　謝悅漢先生主要採訪我有關「2020 年初推動二十三條」、「黑暴期間受到的打壓」和「中央與港關係」等內容。謝悅漢先生總是認真的，他做足功課，有備而來。我也有幸通過是次採訪，將有關的親身經歷和內心所思所想一一道出。經他整理，我的觀點已列載於 2020年第 21 期《亞洲週刊》之內，有興趣的朋友可以翻閱。

　　香港已經邁過了黑暴，在香港國安法和基本法保駕護航，社會回復秩序和穩定後，定能再次繁榮穩定！

何君堯

陳健波

陳健波看見香港攬炒歪風感痛心

陳健波於二零零八年當選香港立法會議員（保險界），迄今已歷任三屆十二年，可說是身經百戰的資深議員，也是現任立法會財務委員會主席。他曾任職恒生銀行三十一年之久，歷任銀行多個崗位，一九九五年為恒生銀行成立恒生人壽，他離職時是恒生銀行助理總經理兼保險業務主管。其後他轉往世界級保險巨頭慕尼黑保險，升為「打工皇帝」級別。

陳健波主持香港立法會財務委員會，長期面對反對派「拉布」阻撓。他警惕反對派的攬炒（玉石俱焚）策略將會令香港墮入深淵，希望市民用行動去唾棄攬炒。

陳健波並不諱言他只有中七學歷，由於他苦讀校外保險課程，經過多年辛勤攻讀考取世界公認的英國保險文憑，為他進入保險業增添身價。他亦坦言自己是出身草根階層，經歷過無數艱辛和挑戰才到達今日的境界。

陳健波出身寒微而能成為令人艷羨的「打工皇帝」，再轉去投身政界服務市民，伸張正義為民請命。在立法會力抗反對派議員無理「拉布」和各種千奇百怪阻撓手法，有時真會令他氣到血

壓飆升，但他依然無畏無懼力挽狂瀾，為正義而戰。他沒有為放棄高薪厚祿轉入政界感到絲毫後悔，亦是他抱有這種獅子山精神，為無數青年人樹立楷模，只要肯勤奮努力向上，把握良機便可直上雲霄，由此證明香港這塊福地和家園是可以提供很多黃金機會，給予不斷奮發圖強的年輕人。陳健波日前接受訪問，以下是訪談內容：

66 「拉布」頻繁，是否能夠修改立法會議事規則及條例？

　　自從二零一七年成功修改立法會議事規則，已經堵塞大部分「拉布」空間，目前最大的問題是委員會選舉主席方式。按現行規定，在立法會換屆後第一年或新成立的委員會上，是由最資深議員負責主持主席選舉。立法會現時最資深議員是反對派的涂謹申及梁耀忠，如果反對派有意「拉布」，確實有可能令主席遲遲未能選出。內務委員會半年也未能選出主席，就是最好例子。展望將來，立法會必須糾正此問題，可以效法立法會主席選舉辦法，由中立的秘書處人員負責主持，以避免選舉時出現政治紛爭。至於人大釋法問題，我相信釋法不應隨便使用，應該在無其他辦法下才考慮使用。

66 您主持財委會期間，如何應付反對派的刁難？

　　立法會各個委員會有不同的職能，財委會負責審批財務建議。但經常有議員在財委會上發表財務以外的評論，離題及論點重複的情況非常嚴重，當我用財委會會議程序去糾正他們時，反而被他們指摘為干擾他們發言，他們想盡方法去爭辯，往往就糾纏不清，結果令到會議受到阻延。所以，我汲取經驗，漸漸掌握處理的方法，明白某些議員是故意挑釁，我會用沉着及忍耐的態度去主持會議，並在適當的時間利用會議直播的機會，向市民說明正確的道理。自從二零一八年初

修改財委會會議程序，「拉布」的空間大幅減少，只要有充足時間，財委會審議撥款的工作基本上可以完成。

66 您認為香港的司法界、教育界及傳媒界是否重災區，應如何改善？

這三個界別，有些界別根本是淪陷了，結果香港引以為傲的包容、互相尊重、守禮和守法的基本核心價值被摧毀。反對派用了十多年造成今天的局面，大家要抱住廢墟重建的心態，一步一步去糾正，絕不容易，也需要比較長的時間。但我相信有很多不甘心香港被摧殘的正義之士都會齊心協力做好這工作，願望就是明天，絕不放棄。

66 中美博弈有否影響香港形勢？

我相信，疫情過後，美國及其西方盟友將會對中國展開新一輪的攻擊。大家都明白這是毫無道理，疫情只是藉口，目的是為了遏止中國崛起，並為疫情大爆發轉移視線，這一波攻擊將無可避免。香港處於中美博弈的夾縫中，再加上過去一年的社會動亂及疫情的衝擊，已經嚴重打擊香港經濟。香港人應該明白自己的定位，香港是中國的一部分，中國受傷害，香港不可能置身事外，要為眼前的經濟戰爭做好準備，更加不應該為國家添煩添亂。我相信，經過過去一年的天災人禍，大部分香港人都已明白，香港人是身在福中不知福。尋回過去安穩、和平及快樂的日子，是大部分人的願望。

66 作為建制派一員，您認為建制派有哪一方面可以做得更好？

過往建制派只注重做實事，忽略了公關文宣的重要性，即使被反對派抹黑，也常抱着清者自清的態度。但在現今網絡世界，市民對建制派的觀感最重要，市民的情緒很容易被假訊息及惡意扭曲操控。所

以如何急速提升應對反對派國際級文宣攻勢，如何利用大數據及電子媒介鞏固選民關係，將會是勝負的關鍵。

66 **您對反對派議員有什麼勸告和期望？**

希望反對派議員明白，過去十二個月的天災人禍，令香港市民受到不同程度的折騰。攬炒更是最差的雙輸局面，只會令市民更加水深火熱。希望他們理解，任何政治理念，最終都是要令到市民安居樂業。香港現今是一個嚴重撕裂的社會，「以和為貴」是反對派和建制派在災後重建應該做的事。

66 **您對本土派有什麼看法？**

中國內地近年經濟十分興旺，香港則由於已進入成熟期，經濟難免跟不上，有不少人分享不到經濟繁榮的成果，自然有關注本地香港人的機會及利益的呼聲，這本來無可厚非。但卻有人別有用心，提出「港獨」的歪論，以贏取選票及謀取利益。如果市民被蒙蔽，便容易走上歪路。我相信，特區政府必須正視有關問題，明白事情的根源，在制定政策時，要真正關注及解決在國家經濟轉強而香港轉弱時所產生的問題。

66 **您對香港青年人有何寄語？**

我對香港青年人是有信心的，激進的人只是少數。很多老闆及管理人員都在找勤奮、有創意、勇於嘗試、做事盡心盡力的青年人，有這些特質的青年人肯定有光明前途，靠政府並非出路。在資訊洪流的年代中，太多青年人只活在回音廊之中，只能聽到單向的聲音，不斷接受負面的假消息，覺得自己被制度欺壓，心中充滿憤怒和仇恨，看

不到光明積極的一面。我希望青年人不要受虛假文宣媒體所困，肯離開思想的牢籠，主動多聽社會不同的聲音，多角度思考分析，就會發現香港還是有不少機會。舊經濟機會可能減少了，但新經濟卻產生大量機會。事實上，香港不乏青年人在專業或事業上成功的例子。

❝❝ 您滿意特區政府高官的表現嗎？

　　香港特區政府的團隊雖然有很多地方需要改善，亦受到很多批評，但相對世界上大量官僚及低效率的政府管治團隊，我認為香港的管治團隊是合格的，他們應對疫症的手法和結果就是最好的例子。當然，這和香港多年來建立的制度和管治方法是有關係的。所以我對官員有期望，希望官員面對各種新環境而產生的挑戰仍需不斷自我檢討，力求進步。

❝❝ 請問如何評估今年九月立法會選舉的形勢？

　　反對派在區議會選舉中大勝，信心大增，預告九月立法會席位目標是過半的「35+」（三十五席以上），更公開宣稱如果政府不答應他們的訴求，就會反對所有議案包括財政預算案，即所謂攬炒，藉此吸引激進支持者選票。由於近年科技發達，很多人特別是年輕人依賴手機資訊。不幸地，社交媒體只會不斷推送同類訊息，由於網上充滿假消息，接收者只能收到單方訊息，極易被煽動，產生憤怒、仇恨及恐懼的心態，會視投票為表態的工具，這種情緒投票，結果令人非常擔心。再加上反對派正有組織有計劃地爭奪功能組別議席，所以我對建制派在議會是否能保住大多數是悲觀的。「35+」將會令香港跌入動盪的深淵，只有香港人齊心協力，發動所有人，用選票向攬炒說不，才能救香港。

66 香港何年何日和在什麼情況下「明天會更好」?

　　恐怕只有當大部分市民都清醒,明白到攬炒只會引發更多鬥爭,只會令香港墮入深淵,減薪失業成為常態,到時大家才懷念香港以前和平安穩的生活,大家都用行動去唾棄攬炒,香港才有希望。

66 為何您對國家和香港具有深厚情懷?

　　我自幼受父親影響,受家庭熏陶,相信只有中國強大,中國人才會在世界各地受到尊重。作為在香港長大的人,香港給了我很多機會,所以我有責任去貢獻香港。我相信,香港地位特殊,中西優點並存,肯定是國家經濟發展及對外開放的重要門戶。「一國兩制」可以令國家及香港都受惠,大家一定要珍惜。如果香港對國家的安全構成威脅,「一國兩制」便難以維持下去。

　　　　　　　　（此文 2020 年 5 月發表於《亞洲週刊》第 19 期,略有修改）

❝ 受訪感言

　　重看謝悅漢先生去年專訪的文章，看完後百感交集，感慨萬千！專訪是刊登於 2020 年 5 月 11 日，當時新冠肺炎已經肆虐全球，黑暴仍未平息，反對派正部署「35+」計劃，社會全面陷於陰霾之中，我當時的確比較悲觀，正為香港的將來憂心忡忡！

　　然而，物極必反，黑暗盡頭就看見光明。全國人大常委會 2020 年 6 月 30 日表決通過香港國安法並在港實施，自此香港逐步轉危為安。在今年完善選舉制度之後，政治混亂正式平息，但經過這兩年的風波，包括疫情的衝擊，香港難免元氣大傷，特區政府現時急需要做的工作，就是重振經濟，做好民生工作，同時亦應努力化解深層次矛盾，令市民安居樂業。我個人相信，香港乃福地，在中央支持下，只要大家努力，香港會繼續綻放璀璨光芒！

陳健波

雷鼎鳴

一九五一年出生，廣東台山人。美國芝加哥大學經濟學學士、明尼蘇達大學經濟學博士。一九九一年起任教香港科技大學，現爲香港科技大學榮譽大學院士、經濟系兼任教授、榮休教授、清華大學中國與世界經濟研究中心客座研究員。一九九一年獲美國紐約州立大學經濟系終身教職。

雷鼎鳴詳述香港與國家未來

雷鼎鳴在這次訪問中暢談聯繫匯率前景、中國積極發展數字貨幣、海南島成為自由貿易港的意義，數字貨幣有助中國設計出一套新的國際收支系統，方便、安全、高效，取代使用美元的習慣。

香港科技大學經濟系榮休教授雷鼎鳴雖然已處半退休狀態，但仍經常在各大報章雜誌發表政經評論。而他作為香港科技大學的創校成員，和許多「戰友」打拼天下，使科大在創校短短二十九年間，於二零二零年升上 Quacquarelli Symonds（QS）全球第三十二名，並曾在二零一八年排名香港第一。

雷鼎鳴是一位健談而又知識淵博的學者，亦是一位愛港愛國

人士，在任教科技大學期間，他曾多次飛往北京的清華大學及北京大學做學術交流。雷鼎鳴接受專訪，話題由聯繫匯率談到香港司法問題，由數字貨幣講到海南自由貿易港，由香港國際金融中心地位聊到大學生學習精神。以下是訪談內容：

❝ 美國表明要制裁及打垮香港國際金融中心地位，能夠成事嗎？

美國是世界第一強國，包括金融亦是第一，事實上全球金融界的規則都是由美國定下來。如果美國真的要搞垮香港，香港會有重大損失。不過，美國胡亂搞作，它自己本身亦會受到嚴重傷害。香港目前是世界第三大美元交易中心，美國蓄意破壞香港金融中心地位，亦會打擊美元霸權地位。美國現今只是靠印刷美元來購買別國貨物，反而其他國家是要真正生產貨物，才可換取美元。由於別國仍然相信美元是有保值能力，並且習慣以美元作儲備貨幣，和以美元作為與其他國家交易的貨幣，美元今日是有賴其他國家信任及習慣性以它作交易而已。可以說（時任）美國總統特朗普要打垮香港國際金融中心的想法是錯誤的。

❝ 聯繫匯率應否或能否保持？

在過去數十年間，香港在貨幣兌換方面曾用過五種貨幣兌換制度。最先港元是和銀掛鈎，在美國大蕭條時候，亦都以銀作儲備。其後港元是和英鎊掛鈎，這是一九六八年的制度，當時兌換率是一英鎊兌換十六港元。不過，在一九七二年間，由於英鎊貶值，便取消英鎊和港元掛鈎。在一九七四年至一九八三年間，美元兌港元是採取自由浮動制度。自一九八三年至今，才採取美元兌港元的聯繫匯率制度。

如果香港要取消聯繫匯率制度，對美國而言是極大的損傷。美國希望全世界的貨幣局或中央銀行，都是以美元計價或作為對國家貨幣

匯率的定價。香港聯繫匯率制度規定，要儲備足夠美元，供所有人隨時可用港元兌換美元，兌換價是一美元兌七點八港元。一旦取消聯繫匯率制度，會引起國際間貿易交易大混亂，亦會令其他國家和地區對美元有戒心，甚至不信任美元，後果是會令其他國家和地區加快「去美元化」，牽一髮而動全身。

66 能否說明聯繫匯率對香港是好是壞？

「去美元化」是有階段性及時間性，絕對不能一蹴而成，但已經有些國家開始進行「去美元化」。香港金管局大約有四千五百億美元作外匯儲備，香港向來有很多海外國家和地區來港投資，例如他們要在香港股票市場買中國內地企業股票，他們便要將美元、歐元或日圓兌換成港幣，這個過程是不停地運作。而外國資本要進軍中國內地，亦必須在香港將美元或其他外幣換成港幣，才可以作交易或投資。

現今香港大部分資金都是來自內地，而內地流出的資金，亦大部分流入香港，所以今日香港如果將港幣和人民幣掛鈎，或港幣和一籃子貨幣掛鈎，我看不是太大問題。當然，如果人民幣提早國際化，港元和人民幣掛鈎，是絕對有此可能。不過，香港目前要取消聯繫匯率制度，相信仍非適當時機。目前美元作為國際流通貨幣和儲備，有部分程度是習慣性，如若有另一種貨幣出現，這個習慣性是可以改變的。

66 中國內地目前正積極研究數字貨幣，前景如何？

中國內地目前正在大力開發數字貨幣，以及研究毋須經過企業同企業之間，或者透過互聯網去交易，而是直接透過中央銀行去進行兩者之間的交收。只要用戶確保有密碼以及開了戶口，連同加密裝置，就可以將數字作為現金使用。

目前內地非常流行使用支付寶及微信進行交收，這是另一種數字貨幣，這是個人透過企業（如微信及支付寶）進行交收。不過，未來的數字貨幣，則是直接透過中央銀行進行支付交收，是毋須經過互聯網交收。

以往銀行對個人或企業貸款申請，需經過銀行內部信用調查，或經由外部信貸公司進行信用調查及評估，才決定是否批准借貸。但今後只要用大數據服務，立即查得到個人或企業財務情況、借貸情況及信用評估，這個叫做「社會保障審查」（Social Security Check），完全毋須經過銀行或信用評估公司便可做到。如果大數據加上人工智能，則能更迅速評估審批個人或企業申請貸款。中國內地在人工智能設計方面未必是全球第一，但人工智能廣泛應用方面，肯定是全球第一。

中國內地近年積極研究由中國人民銀行作後盾的數字貨幣，加上大數據的支撐，中國內地確有可能設計出一套新的國際收支系統，以方便、安全、高效去取代使用美元的習慣，美國若打擊港元，很可能會加快這方面發展過程。

66 為何中央要部署將海南島建設成為自由貿易港？

自從香港去年發生黑色暴亂，以及自「佔中」以來，社會一直有各種亂象，令中央擔心不能全倚賴香港，所以在海南島開設一個零關稅自由貿易港，相信這是中央的後備方案（plan B），這是無可厚非的事。

如果海南自由貿易港試驗成功，中國可以在內地開設多幾個自貿區。正如阿里巴巴集團創辦人馬雲曾經說過，中國是希望全球化繼續進展，在一開始可能會遭遇挫折，但中國要走向全球化這條路是正確的。我非常認同馬雲這個觀點。如果香港不急起直追，就會落後於中國其他地區，所以香港現今最大任務，就是要吸引全球人才到香港，才能保住優勢和其他自貿區競爭。

66 能否說說您對科技大學的情懷？

香港科技大學是於一九九一年創立，創校校長是吳家瑋教授，我亦是創校教職員之一。眼看當初科大成立至今，亦經過各種困難和挑戰，現今在世界大學排名亦有一席位，我當然分享到這份喜悅。

當時創校的一批教職員，大部分都和我私交甚篤，我稱他們為「老保釣」。這批教職員大都來自北美洲，而且都學有所成，本身在學術界都有一定的學術地位和成就。這些同事家庭大都是從內地移居香港或台灣，然後中學畢業後往美國大學升學，大學畢業後再進修至博士學位，最後在大學任教。他們來港任職都有一個共同抱負，就是希望將北美大學優良制度移植來香港，然後輻射至華南地區，他們都有一顆愛港愛國之心。

66 請問北美大學制度有何優良之處？

以往香港大學及香港中文大學的教授，都是由講師做起，而升職制度就有些類似公務員制度，論資排輩逐級升上。科大採取的北美大學制度，則是以教師的學術成就決定，包括本身是否在全球權威性學術雜誌發表過論文、他們在學術界是否得到知名學術人士推介。在每次升職中，都要經過六至七層評估，以及交出認可的研究報告，或其報告曾在權威性學術雜誌登載過，或經有地位學術界人士推薦，過程甚為嚴謹。其後港大亦推行類似制度，中大亦跟隨港大作出轉變。所以說科大的創立影響深遠。

66 如何比較本地大學生和研究生，與內地來港的大學生和研究生在學習精神上的表現？

不論本地本科生或研究生，其實有優良表現的學生都不少，可能

內地來港的學生比較珍惜得來不易的學習機會，所以他們非常用功勤力學習，而且較為專心。記得數年前，我出席一個頒授畢業證書典禮，其中有一個獎項叫做「學術成就獎」（Academic Achievement Award），在十四名得獎者中，絕大部分是內地來港學習的學生，如果以香港學生及內地學生人數比較而言，科大內地學生只佔學生總數十分之一，因此更加突顯內地學生的學業成績優秀。我並不認同香港的學生質素不及內地學生，不過在勤力專心及認真方面，可能稍遜內地學生，因為能夠來香港學習的內地生都是一批精英。

66 您如何評估香港當今法治精神和情況？

本來以前我都相信香港的法治是公平的，但近年來看到香港一些法庭的判決結果，相當令人失望，亦令市民對法治失去信心。最令我擔心的就是判決時證明疑犯的確犯罪，但判刑結果是「不一致」（inconsistent）；罪案性質相同，但量刑情況卻不同。我看不出有任何理由，這種量刑有如此大差別。

有些法律界人士就指責外界人士不懂法律，其實我完全不同意這個說法，這是引導市民作錯誤理解和判斷。例如有人因偷一包巧克力，可以被判監三個月；但是打傷人的疑犯，只判罰社會服務令，市民會心服口服嗎？

香港的任何階層和機構，都有一些獨立監管機構，例如香港警隊都有監警會，為何司法系統內就沒有一個監管機構？「司法獨立」是沒有問題，問題是如果發現法官錯判，法官又不受任何批評、監管或約束，請問如何糾正判案錯誤？這就是市民對法治失去信心的原因。

（此文 2020 年 9 月發表於《亞洲週刊》第 36 期，略有修改。）

66 受訪感言

都說我們面對的，是百年難得一見的變局。

香港一向被視為動感之都，港人生活節奏快速，比起其他城市的寧靜，是不可同日而語的。但即使是這樣，很多港人依然對快速轉動着的世界感到跟不上，一片迷惘。

推動我們這時代變化的似乎有兩大力量，一是中國的迅速崛起及隨之而來的「修昔底德陷阱」，二是科技日日更新，無孔不入，全面地滲入我們生活中。這些力量對大多數人都是陌生的，有些人更無法適應。

在這個大時代，建基於邏輯及實際證據的分析，總比盲目亂動或逆歷史潮流拒絕改變，更具建設性。沒有人什麼都懂，謝悅漢先生不辭勞苦，走訪了不同的人物，並把他們的觀點錄下成為本書，是為港人解惑的一大貢獻，亦是我們這時代的見證。

雷鼎鳴

第二章

司法

謝偉俊

謝偉俊痛批香港律師制度

一九五九年出生，新界原居民，九龍華仁書院畢業，澳洲新南威爾士商業（會計）及法律雙學士，香港大學法律執業文憑，香港城市大學中國法與比較法碩士；澳洲、香港、英國、新加坡大律師、律師；會計師；太平紳士。香港執業大律師七年，後轉職事務律師，一九九七年創辦謝偉俊律師行，曾主持電台、電視台《法乎情》《拍案驚奇》等法律常識節目多年；又經常撰寫報刊、雜誌專欄及法律常識書籍，為市民免費解答法律疑難，致力推動法律服務「平民化」及「透明化」。二零零八年當選香港立法會（旅遊界）功能界別議員；二零一二年當選立法會九龍東地區直選議員；二零一五年當選並兼任灣仔樂活區議員，連任「雙料」議員至今。

　　香港立法會議員、律師謝偉俊認為，香港保留大律師制度已不合時宜，並預言大律師公會和律師會合併是大勢所趨。他也鼓勵香港青年北上大灣區打拚。

　　用「城中名人」形容謝偉俊，應該相當貼切，因為他過去多年遊走於法律界、旅遊界、文化界、廣播界和政界，再加上他一些「出位」的宣傳，為廣大市民留下深刻印象。他的經歷多姿多彩，短短一篇訪問文章實在難以描繪他的精彩人生。例如他和妻子白韻琹共同主持電台節目《法乎情》和《盡訴心中情》，有許多聽眾成為他的忠實粉絲。他在一些

報章寫專欄解答讀者許多法律問題，亦出版一些法律小冊子，讓市民學懂很多法律資訊及如何保護自己。他先做大律師後來轉為律師，這在香港法律界是屈指可數。他又從功能界別議員轉戰成為直選議員，選擇從政用宏觀角度去思考和解決社會問題，可能金錢收益方面少了，卻可滿足他個人心願和抱負，他認為這是值得的。

謝偉俊是議員、律師和會計師，在政治、法律和商業問題上他都可侃侃而談，並且大膽指出法律及政制方面要作出創新和改革，無黨無派身份更令他暢所欲言。以下是訪談內容：

❝ 現今香港社會上高呼要進行「司法改革」，您有何看法？

我完全同意「司法改革」，因為司法界有很多傳統規矩如禮儀、髮飾及稱呼等，是以前港英時期遺留下的作風。而且，曾被英國殖民統治的國家和地區，大都已廢除和作出改革，為何香港仍堅持保留這些不合時宜的事物？另外，香港的法庭效率甚低，例如美國等地都在上庭前，控辯雙方可以先進行錄影經宣誓證供作為呈堂之用，但香港現今仍在庭上浪費大量時間在控辯雙方向證人取證及陳詞。

近年因社會政治極度紛爭，導致對司法各種猜忌和鞭撻，反而有可能給予反對改革者，以司法自主獨立作為拖延改革的藉口。如果外界以輿論或政治手法施壓反而不美，將會是事倍功半。最好由法律界和司法界內部發動改革倡議，相信效果會更好。

❝ 您對大律師公會近年有反華仇中言論和立場有何看法？

我不認同大律師公會一直是個反華仇中的專業團體，在回歸初期中央都厚待大律師公會，而大律師公會亦幾乎年年都上訪北京。

的確近幾年中央和大律師公會關係出現變化和轉劣，這是事實。

公會前任主席戴啟思和現任主席夏博義都是外籍大律師。以會員人數而言，華籍大律師遠多於外籍大律師，許多華人大律師明哲保身，認為在目前政治氣氛之下，講多錯多不如接多些業務賺錢更實際，他們私底下有自己立場及不想如此公開去對抗中央。

我個人認為保留大律師制度已不合時宜，環顧美加及前英屬殖民地區和國家，大都廢除大律師與律師。我個人看法，大律師像一個高級手作仔（師傅），逐件計收費，是無法聘請員工幫手，影響效率，收費偏高，不能企業化經營，須經律師轉聘制度更費時失事，加重訴訟人負擔。

大律師公會和律師會合併是大勢所趨，而兩公會合併多年前亦已經深入探討。香港律師會會員可以上大灣區傾談業務和合作發展，大律師業務只限於香港，所以大律師是逐漸式微的行業。現今香港大律師人數為一千四百八十三人，其中有一千零一十七男和四百六十六女；資深大律師則為一百零二人；律師會人數現有一萬零四百三十三人。

大家可以從上述數字看出，大律師功能只作為訴訟律師，業務範圍狹窄，出路有限。我做了七年大律師，其後轉為律師，因我覺得律師職能屬於建設性和前瞻性，經營業務較為廣闊。

❝ 為何您想做一個無黨派的獨立政治人物？

由於不屬於任何黨派，所以做事時無需要跟大隊走，但因為沒有強大的後盾和班底，有時會感到單打獨鬥有孤單感覺。只不過習慣逍遙自在，少了框框能夠暢所欲言，我樂得如此。

❝ 香港公務員隊伍應否改變思維？

香港回歸至今，轉瞬已接近「五十年不變」的中點。由回歸之初

各種制度的盡量不變，到近年管治到處碰壁，例如「優薪養廉」回歸前是頭戴光環的優秀公務員隊伍團隊，現今則被譏諷為「優薪養愚」。作為中美兩大巨人角力下的磨心，香港能否像七十年前當國家被聯合國制裁時扮演協助突圍及支援的角色，抑或繼續迷失方向浮浮沉沉，所以未來一兩年可能是重要拐點。

66 對於年輕法律界人士或青年人，您有何提議？

我個人的看法，三十歲左右青年和壯年人士應北上大灣區發展。以前有一些年輕法律界人士對我說，他們已經不像我們這一輩的人，有那麼多發展機會和空間。我不認同此種觀點。事實上，我們這一代人，大都是在深圳河以南工作，根本不會想到有機會去深圳河以北地區大展拳腳。現今是互聯網世界，香港年輕人不應再局限在本地開拓事業，可以打入八千萬人口的大灣區市場，有能力、有天分、肯搏殺打拼而能把握機會的年輕人，不僅香港和大灣區是他們的發展基地，甚至全球都是他們的業務市場和天下。

66 香港被指為「反華基地」，議員角色會否有變化？

絕大部分外國議會，都不容許公然背叛或藐視國家憲法者擔任議員。香港雖然沒有因種族、宗教等嚴重分歧導致社會內部「不共戴天」鴻溝，但一切立場先行，反中勢力均戴上最深色眼鏡，來否定一切合作包容空間。

我曾指香港近年為國家帶來的麻煩超過好處，而特首林鄭月娥的管治也多了掣肘，所以香港人必須痛定思痛，否則會被邊緣化。

❝ 在過去多年經歷中，有哪些事令您特別難忘？

　　最令我畢生難忘的是兩宗官司，一宗是和名嘴鄭經翰及林旭華的誹謗案官司，另一宗則是和律師會的官司，這兩宗官司合共用了我十多年時間去應付。

　　於一九九六年，我曾指鄭經翰及林旭華在電台節目中對我誹謗，從而向鄭及林興訟。我在原審及上訴時皆獲判勝訴，獲賠償八萬港元及得堂費；惟終審法院在二零零一年修訂已沿用百多年案例原則推翻原判，法院雖把案件發還重審，但我都要為鄭及林支付上訴時所支付以百萬元計的訟費。終院亦是在這案中，確立公允評論（fair comment）的原則，即被告一方在發表言論時，只要真誠地相信其發表的是公允評論，即使其懷有偏見或別有用心，亦可以用作免責辯護，從而更保障大眾就公眾利益發表意見時，可以用作抗辯理據。

　　在一九九七年成立律師行時，我因為推出九百九十七元離婚套餐而獲廣泛報道，這個震撼價令當時行內既得利益者不滿，指我無視行規，便開始「收拾」我。另外，在我四十歲生日時，我拍了一張照片，以一本書遮住身體要害部位，原意是要表達個人享受的法律權益是與生俱來，概念是希望推動法律的普及性，可能有些人會認為這種裝扮有損律師尊嚴和形象，所以要制裁我。在二十多年前，當時社會風氣比較保守，無法接受這種前衛作風，律師會為此事召開紀律聆訊會，此案上訴至終審庭。

　　現今回顧和檢討這兩宗官司歷經時間、過程、財政損失和所受精神壓力，如果再重新來過，我相信會以更加聰明的手法去處理得較佳。

　　（此文 2021 年 2 月發表於《亞洲週刊》第 7 期，略有修改）

66 受訪感言

　　與謝悅漢先生一席話，深深感受到他的誠意、認真和勤力。在退休之齡仍孜孜不倦為興趣而不斷進修、訪談、撰文，一臉儒雅的氣質，睿智的眼神及溫文的談吐，令受訪者沐浴在輕鬆的氛圍下暢所欲言，實屬近年難得的被訪體驗。看到其後的文字內容，更不免對他掌握重點及細節的能力，留下深刻印象。

　　一晃眼間，已由澳洲念完書回港，初出茅廬當大律師的日子，步入花甲之年，其間花掉十多年壯年光陰，活在以訴訟作抗爭手段的日子，深切體會為主觀的公義和理想所需付出的壓力、煎熬和犧牲，更遑論昂貴訟費，雖難計算真正得失，但對於人性、人生及人情體會，卻足以令我更有底氣和歷練，迎接及面對近年從政的各種挑戰。

　　感謝謝兄讓我有機會來一個快速的「回帶」，重溫一些已開始淡忘的人生章節，箇中起承轉合，甜酸苦辣，提醒我要更積極實踐回饋社會的初心，更珍惜身邊的伴侶親朋，更好好善用及享受夕陽的餘暉。

謝偉俊

黃汝榮

一九五五年出生，英國威爾斯大學法律榮譽學士。二零零一年至二零一六年出任香港特區政府常任裁判官。現擔任香港員佐級警隊法律顧問、香港城市大學法律系講師、香港城市大學中文法律課程設計師及講師、警務處內及各階級官員法律講師、海外律師考官、海外學生法律課程考官、深圳市檢察院講師。

黃汝榮認為香港司法必須痛下決心改革

　　黃汝榮分析香港司法弊端，指出司法系統內派系林立，影響判決；申請司法覆核極易獲批，導致濫用；法官對保釋條件及判決寬鬆，有制度誘因；部分法官立場偏頗，判案政治化，亟需嚴正改革。

　　近年香港社會上高喊「改革司法制度，此其時矣」。不過，「司法獨立」觀念深入人心。但到底什麼是「司法獨立」？此問題不僅成為社會爭論點，甚至是造成社會分裂的因素之一，而「司法獨立」更成為某些司法機構人員迴避問責、拒絕改革的藉口。

　　於一九九零年在英國威爾斯大學取得法律（榮譽學士）資格，並於二零零一年至二零一六

年出任香港司法部門常任裁判官的黃汝榮，至今轉為大律師，長期從事法律工作。他由二零一六年七月至今為香港員佐級警隊法律顧問，也是香港城市大學法律系講師，平日為香港多個媒體及報章撰寫法律文稿或作為視頻講者，可以說大半生都和法律結下不解緣。

　　談香港司法制度內部問題和矛盾，深入探討司法系統為何變成今日腐敗和不得民心，黃汝榮不僅引經據典，用事實說出今日「司法不公」，亦只有他不顧個人安危和事業前途，大膽說出司法核心問題所在，並且提出寶貴建議。他完全是以「捨我其誰」和愛港愛國精神，以個人抱負和使命感，直說當今香港司法制度亟待改革。他這種「正氣」和「浩氣」定會有助司法制度撥亂反正，以及有助鎮壓司法部門邪氣歪風。以下是訪談內容：

❝ 香港當今司法機構究竟有什麼重大漏洞和不足之處？

　　香港有八成市民支持司法改革，以我個人親身經歷和見證，司法機構內部有如下問題，值得深入探討和研究，包括：

　　一、「馬房」文化問題嚴重，司法系統內派系林立，影響法官陞遷及仕途，以及判案裁定。二、申請司法覆核太過容易獲批，造成大量公帑浪費。三、法官對保釋條件及判決太過寬鬆。四、部分法官立場偏頗，判案過於政治化。五、司法官員對中國內地司法系統存在嚴重偏見和歧視。六、法官判案沒有一致性和連貫性。七、法庭內管理過於鬆懈。八、司法系統內三級制影響極大。九、司法系統內部投訴機制毫無透明度。

❝ 何謂「馬房文化」？

　　司法機構內部盛行「馬房」文化，拉幫結派，聘任法官首重聽話，

不聽話就面臨打壓。司法界早期存在有澳洲幫、英國幫、本地幫幾個幫派，近年大部分裁判官都由年輕華人法官擔任，「馬房」文化變成網球幫、高爾夫球幫、教堂幫等，會「埋堆」就能扶搖直上。而各個「馬房」都有一位大哥和話事人，在「馬房」內成員都互相關照和「識做」，彼此關係遠較同其他「馬房」成員密切。

66 司法覆核是否存在漏洞？

眾所周知「長洲覆核王」郭卓堅近年經常提出司法覆核，大言不慚稱已拖欠政府的訴訟費以千萬港元計。

一九九七年香港回歸時，司法覆核申請一年僅一百一十二宗，至二零一九年，激增至當年三千八百八十九宗，增幅高達超過三十倍。終審法院前常任法官烈顯倫曾多次批評司法覆核遭濫用的亂象，但多年來仍未見實質改變。我個人亦非常認同烈顯倫意見，必須在申請及審批程序實施嚴格把關。

66 寬鬆保釋條件是否縱容犯案者？

「十二逃犯」案件被揭爆，有十二名被捕疑犯其中四人更是勇武組織「屠龍小隊」成員，但經過法庭提訊後，竟然可以全部獲准保釋，而其中七人是由東區法院主任裁判官錢禮批准。最重要原因是法官「放生」疑犯，如果疑犯最終棄保潛逃，法官是可以免責；但疑犯申請保釋被法官拒絕，若疑犯提出上訴，該名法官則要向上級主管提交詳盡理由，很多法官怕麻煩，便輕易頒發保釋令。

66 據聞很多法官立場偏頗，是否屬實？

我認為香港的法官大都有「恐共」、「反共」情緒，又自視過高，

其中有八成五都是持有「黃色」（反政府）立場，更甚者有法官用他們的創意為被告創造出答辯理由，找個藉口釋放被告。

> **據說司法官員對中國內地司法系統存在嚴重偏見和歧視，情況是否嚴重？**

無可否認，香港法律界有好多人存有「反共」「恐共」情緒，甚至歧視內地法律制度，此種觀念在法律界根深蒂固。香港法律界及司法界太多人有優越自豪感，當內地發出邀請香港法官去進行培訓交流，香港法官都非常抗拒。事實上，我曾到內地法院深入考察，當中的確有很多值得香港學習和借鑒的地方，只不過香港法官存有偏見。

> **有市民指出法官判案沒有一致性和連貫性，為何有此情況？**

確實有案例，法庭上法官稱讚涉案暴徒，推崇他們是「優秀青年」、「未來的社會棟樑」、「對香港充滿熱愛」，勉勵他們「留有用之身」；但對執法警員，就指他們是「誇大其詞」、「是不可靠的證人」、「證供不加採納」。有一名用腐蝕性液體潑向紀律部隊宿舍的被告，在法庭上認罪，法官僅僅判罰兩百元。大家都知道違禁聚令都要罰兩千元，這些對紀律部隊挑釁的行為，就簡單判罰兩百元，怎樣解釋？怎樣服眾？我會在稍後另加解釋和建議。

> **法庭內管理鬆懈，會否影響判案？**

在黑暴審訊期間，暴徒有一些支持者，戴着黑色面罩，有些穿上連帽外襪，總之都是刻意把身份隱藏起來的裝束，大搖大擺進入法庭公眾席聽審。這種情況令不少裁判法官感到不安，他們向上級法庭作出反映，但是管理層對這些現象卻不予理會，我質疑管理層這種取態

究竟發出了什麼信息？是發出善意？抑或法庭對心理威脅式的行為作出屈服？

如果法庭對穿着具威脅性衣服的人士行為不予制止，這類「另類旁聽者」便可發揮他們對市民證人的「另類滅聲法」。我認為今後法庭應該從嚴管理入場人士及設定衣服及行為守則。

66 請問司法系統內「三級制」有何影響？

香港司法部門曾經實行的「三級制」，這是導致很多下級法官越來越不敢判被告有罪，越來越輕判被告的原因。所謂「三級制」，就是每逢有被告對下級法官的裁決提出上訴，上訴庭就會評核這份判詞，其間如果理據不獲上級法庭接納，上級法庭就會作出三級評語，分別是優、良、劣。

當然，判詞優劣是以內容質素為重，但實際上卻是取決於上下級法庭法官的關係是否和諧。假如關係不好，上級法庭就會公開下級法官姓名，並且公開指出這個裁決出了什麼錯。

要找出判詞的錯處其實很容易，因為法律不是一加一等於二，其實是觀點與角度不同，下級法官最安全的做法，就是每宗案件都把被告釋放，這樣就無人提出上訴，就可以避開上級法庭的批評。

66 司法系統內部投訴機制是否有改善之處？

現今監察法官依法做事，在執行上千瘡百孔，有部分刑事案審訊沒有陪審團，法官身兼陪審員角色，因此對案件有事實裁決。縱然法律程序上有上訴機制，執行上律政司很難推翻原審法官事實裁決。

屢受市民投訴輕判黑暴案、現已升職的法官何俊堯，曾斥「警員大話冚（蓋過）大話」，裁定被告襲警案罪不成立。這就是法官需要

監察的例證。

　　雖然司法機構投訴秘書處可受理有關司法人員行為的投訴，包括由最高法院調查司法人員不良態度或不良行為的指控、法院訴訟程序處理不當的指控等，不過，對有關法官行為投訴，都要等待法院訴訟程序完結才能處理。而司法機構處理投訴一向不公開透明，是形同虛設，因此司法機構現行運作只是維護法官權力的擋箭牌。

❝ 您對司法改革有何建議？

　　特區政府必須痛下決心，排除萬難進行司法改革，盡速設立「司法監督委員會」及「量刑委員會」。其實歐美等國都有類似監管司法機關的獨立機構，為何香港不能？

　　香港國安法實施是彌補香港特區維護國家安全方面長期存在的漏洞，其他國家都有這類保護國家安全的法例。而法官「絕對不是神」，「司法獨立」並非「司法獨大」，市民必須對此有清楚和正確的認識。

（此文 2020 年 10 月發表於《亞洲週刊》第 42 期，略有修改）

66 受訪感言

中國香港的主流語言是華語，絕大部分與訟人士的母語，亦為華語。因此，達八成多的案件在進行審訊時，亦以中文進行，證人作供時才能表達自如。作供時證人所用的言辭是否自然，聲調語氣是真誠、刻意還是做作，這些在不經意間於字裏行間流露出來的訊息，才是證供的神髓。

但訴訟者如需進行終極上訴，案件便得由終審法院處理。由於終審法院只有極少數法官懂得華語，故進行上訴時，原審時的證供便得翻譯成英語。結果，證人曾用過的俚語，就得生搬硬套地轉譯成英語，失卻了原意之餘，亦失卻了案情的神髓。上訴聆訊就變成了一場語言藝術的競賽，導致終審庭寫出來的判詞，美觀有餘，內涵不足，實用價值之低更不用說了。把大權落在外籍法官手中，是否不合時宜呢？

黃汝榮

冼國林

主席，現任香港武術聯會副會長。
（葉問之子）首徒及劉家良師傅徒弟；出任世界詠春聯會香港詠春聯會
英國特許銀行學會會員。熱愛武術，曾習太極、洪拳、詠春等，是葉準
一九五八年生於中國廣東佛山。國藝娛樂集團創辦人兼榮譽主席；

冼國林炮轟香港司法界

　　香港網紅冼國林不怕打壓，炮轟香港司法界，建議盡快召開國安法研討會讓執法檢控司法人員達成共識。他認為司法部門及制度應予改革。

　　近年來冼國林成為網紅人物，並非因他是一間上市公司主席，或是一本暢銷書的作者，而是他自行製作 YouTube「冼師傅廣場」，自推出後即有數十萬粉絲，只是一年內便取得此輝煌成績，絕不簡單。

　　冼國林在視頻講座中大膽敢言，尤其對司法界發炮抨擊，這是前所罕見，但他並非無的放矢，嘩眾取寵，主要是他曾在英國修讀過法律，當批抨某些判案不公或出錯，他是引經據典來駁斥。他又大膽指出司法不公，法

官是可以被批評，司法界也必須進行大刀闊斧整頓。

　　他認識很多法律界朋友，部分甚至是他的好友。他認為自己不在法律界工作，反而可以令他沒有包袱暢所欲言，無所顧忌，甚至可能說出法律界朋友的心聲。香港司法界仍遺留許多殖民色彩、禮儀和稱呼，例如法官仍戴假髮，稱呼法官為 my lord or your lordship，已經不合時宜，他認為都要予以改革。

　　冼國林又是武林中人，一般朋友都稱呼他為「冼師傅」。他的確是詠春弟子，並以此為榮，他並且出資拍了電影《葉問前傳》，涉足電影娛樂事務，可稱「百變人生」。他雖然從商卻喜談政治和法律，沒有亮麗學歷背景卻無礙他鑽研法律仗義執言挑戰司法界，沒有寫作和唱歌經驗卻可以寫出一本暢銷書《重病的香港如何救治》，以及為消防兄弟片集主唱一首勵志歌。冼國林形象鮮明，別樹一格，在訪問中毫無保留說出個人意見，不怕得罪人的風格表露無遺。以下是訪談內容：

66 請問您對香港實施國安法有何看法？

　　國安法對香港而言是全新的概念，如果特區政府三個重要部門包括檢控、執法、司法三方面，對國安法的理解沒有共識或者意見和解釋不一樣，就會造成很多問題和困難。

　　在香港由於實施普通法多年，法官是可以根據以往很多案例作參考和依據，但在國安法方面，可以說無任何案例可供法官參考。

　　同樣情況亦存在執法警隊，及作檢控工作的律政司部門，當執法和檢控時，如果大家對國安法條文理解不同，就會有不同效果。

　　所以，我建議全國人大常委會屬下法工委在內地或香港召開一個研討會，主要參與者是司法的各級法官代表、警隊和律政司高層，對

國安法條文逐條研審，各自對國安法條文作更細緻的研討和表達意見，然後大家達成一個共識。

　　法工委人員亦可以趁此機會詳細解釋訂立國安法條文的原意，和作出清晰指引，以後便可避免很多疑點和爭拗，我建議此研討會應該盡快舉行。

❝❝ 您經常談及香港司法部門及制度應予改革，從何開始？

　　應該先從司法覆核着手，因為香港回歸以來，很多港人濫用司法程序，而有關部門處理司法覆核又過於寬鬆，所以造成司法覆核被濫用。

　　律政司應該要求終審法院對司法覆核有明確指引，最主要有以下三方面，即合法性、合理性和審判程序是否有錯。

　　首先，以合法性而言，就是指申請司法覆核者及該有關事件是否合法？另外，政府制訂政策時，是否有權如此做？第二是合理性，政府可能有權去做但是否合理？第三是程序上是否有錯？

　　就以最近梁國雄（外號「長毛」，前立法會議員）坐監時他的長髮被剪短，他認為是不合理，所以就此事提出司法覆核，最終要去到終審法院審判，法官引用男女平等及性別歧視條例，判決「長毛」獲勝。

　　但我個人認為，男女平等及性別歧視條例並不適用於此案，就不應該利用司法覆核，因為男女無論體型、性格及各方面，其實是有分別。非常簡單的道理，例如男女廁設計都有不同，男廁有尿兜而女廁則無此設計，難道就造成性別歧視？

　　另外，女性喜歡長髮是因女士愛美，一般髮內不會藏殺傷力武器，而特區政府為此事批准一項不涉及大眾利益的司法覆核，浪費了數千

萬元的訴訟費，是完全不值得。

所以我提議律政司向終審法院取得明確指示，以及日後要提高司法覆核的申請門檻，可以減少浪費公帑。

66 為何您指三司十三局是一個錯誤政策？

在董建華時代便將特區政府公務員體制改變，以往任職司級官員改為常務秘書長，而在常務秘書長上級，則增設局長助理、副局長和局長，然後稱為「問責制」。

目前只有少數局長才有實權，例如保安司改為保安局局長，其與律政司司長、財政司司長、政務司司長均有實權。但其他十二局只是一個政策局，局長只能提供政策和意見，實權是在常任秘書長手中。

例如，食物及衛生局局長陳肇始是無法駕馭食環署署長，在清理連儂牆事件上，食環署署長負責執行任務，局長可吩咐食環署署長去處理，但若署長陽奉陰違，局長是沒有辦法整治。又如，根據教育條例，教育局常任秘書長是有權辭退或者炒掉學校校長，反而教育局長是沒有此種權力。

另一例子，商務及經濟發展局局長邱騰華雖然是香港電台的上級領導，但掌管香港電台實權的則是（時任）廣播處長兼香港電台台長梁家榮。十二個政府部門，真正執行權力都放在常任秘書長手中，而非局長身上。

所有問責局長都是奉行五年制，陳肇始本是一個護士長，但升為食物及衛生局局長，經過鍍金後卸任可能會享受另一番風光；而常任秘書長則毋須變動，退休後則有一筆可觀退休金和享受長俸。

❝ 您於一年前曾對香港司法制度作出多項提議，情況如何？

我的確曾建議特區政府應該成立一個法官監察委員會、司法監察委員會及一個量刑標準委員會，但至今未能達成我的心願。我認為阻力來自特首及司法機構，他們都不願意受到監管，其實很多國家和地區都有類似制度。

❝ 律政司制度亦需改革？

律政司司長在港英時期是屬於永久公務員，退休後可享受長俸。但現今改為問責制，變成五年一任，權力集中在律政司司長身上。以曾任律政司司長的袁國強為例，退任後就轉做大律師去打官司，最近周星馳和于文鳳的官司，袁國強就是代表于文鳳告周星馳的大律師，以袁國強的名氣，大家心照。

律政司檢控主任退職後可以轉做法官，往日刑事檢控專員楊偉雄現已成為高等法院法官。由於任職律政司檢控主任月薪約為七萬多港元，若轉為裁判官立即跳升至十四萬港元，人望高處以及謀定後路，人之常情，所以檢控官大多數不願得罪法官。但大家由此看到問題所在，故此我建議檢控官轉職法官，須設立「過冷河」制度。

❝ 您對特首林鄭月娥有何評價？

林鄭月娥最初擔任特首時，我們一家人都擁戴她，因為她說自己做得打得。不過自她上任一段時間後，尤其經過黑色暴亂和新冠肺炎襲港，我覺得她處事猶豫不決，朝令夕改，剛愎自用，不容易接受逆耳忠言，有許多事例為證。

例如警察總部被黑暴包圍，立法會遭暴徒衝入大肆破壞，她都沒有採取堅決果斷手段應對；香港電台經常抨擊國家，抹黑特區政府，

她怕得罪傳媒，以「不干預第四權力」為理由，對記者證濫發視若無睹；此外，她又說不可以批評法官，但根據法律條文規定，除非涉及誹謗或刑事恐嚇法官，市民是可以對法官判案發表個人意見。

現今肺炎疫情日趨嚴重，市民不堪疫情疲勞，但特區政府仍未有解決疫情擴散問題，所以林鄭去留會影響香港局勢。我個人不支持林鄭繼續留任。

66 **您曾任職多份工作，哪一份工作成為您人生的轉捩點？**

我在銀行做文員時，考到英國特許銀行學會會士專業資格，是我人生的轉捩點。當時我日間在銀行上班，晚上駕的士（出租車），生活相當困苦，但我知道在社會向上游就一定要努力工作。

66 **哪一本書對您影響最大？**

《道德經》。當我讀了好多西方管理學書籍後，發覺原來五千年前的中國古代思想家老子所著《道德經》，已經包含好多做人道理和管理學道理，例如「治大國如烹小鮮」，又例如「天下之至柔，馳騁天下之至堅。出於無有，入於無間。吾是以知無為之有益。不言之教，無為之益」。我從中學懂了做人，不能一直硬碰，必須要學懂以柔克剛。

66 **至今您覺得自己最大成就是什麼？**

以前有人說我在銀行做貸款做到好出名，被稱為「貸神」；有人說我拍電影可以拍到人所共知《葉問》如此成功，還將葉問宗師和詠春拳建立世界性知名度；有人問我現今成為網紅人物，有很高認同和知名度，以上是否算個人重大成就？不是！因為不同時代有不同時代

人物，我不太喜歡想當年，只喜歡展望未來。我只能夠講，以前我在不同界別有小小成就，但我最光輝的日子可能尚未到。老驥伏櫪，志在千里。

> **為何作為一位商人，如此熱衷發表政經意見，而又表示不在乎名利？**

雖然我是一個商人，但我是生於香港長於香港，亦是一個地地道道的中國人。歷史告知，我們國家過去一百多年受外人嚴重欺壓和侮辱。今日國家和香港的成就，是經過幾代人的努力得到的成果，眼見年輕一代受外部勢力矇騙和荼毒，我內心感到非常難過；又見到特區政府部分官員無能，尸位素餐，所以我希望發聲為社會做些事情。其實我現在的年紀應該可以退休了，但我覺得做人有一分力就要發一分光，所以我才挺身而出對社會事物和現象發表個人意見。

如果說冼國林有百變人生，應該是事實，他沒有隱瞞出生於基層貧苦家庭，做過各行各業，歷盡艱辛，嚐透人情冷暖，經過多番努力才打拼出天下。現今即使成為上市公司主席，但他卻豪言壯語說人生最輝煌的時刻尚未至，他自己有一句名言，就是「做人如不能 update（跟上潮流），但絕不能 outdate（落伍脫節）」，在未來歲月，他依然要與時並進，退休對他而言，只是人生另一階段的開始。

（此文 2021 年 1 月發表於《亞洲週刊》第 2 期，略有修改）

66 受訪感言

在謝悅漢先生訪問我期間，我說了很多事情，而在訪問後的稿子也刊登了很多我所提及的事情。但在這裏我有些補充。首先關於愛國愛港的理念，愛國愛港不是要人說出來才去做的，其實每個人都有責任去保護我們的國家，亦即是說每個國民都有責任去維護國家安全。如果你知道有人正在破壞國家安全或是做一些事或者行為有可能危害國家，你應該主動去制止。我認為大家都應該充分利用現在警方國安處的舉報熱線。根據警方國安處的報道數字，現在已經有大約十萬宗舉報案件，當然其中有一些未必正確，但情況卻令人鼓舞。在此，我認為每個國民都應該自發性去維護國家安全，這是一個國民應有的責任。

第二點大家要知道，國家安全與否是會直接影響民生。因為國家能否在穩定的環境下發展是很重要的。如果國家或者地區政局不穩定，經濟就會發展不前甚至倒退，這樣就更加談不上安居樂業，國泰民安。

最後亦要向謝悅漢先生致敬，他除了自己不遺餘力地對不平事口誅筆伐外，亦常常聯繫有識之士共同努力為社會發聲，值得年輕人借鏡。

洗國林

第四章

醫療

盧寵茂

盧寵茂開創深圳醫療新風氣

香港大學深圳醫院院長盧寵茂推動內地「三甲醫院評審制度」國際化，把「三甲標準」推廣至整個大灣區及「一帶一路」沿線國家，務求打通大灣區醫療系統，建立統一標準。

在訪問香港大學深圳醫院院長、瑪麗醫院肝臟移植中心主管、香港大學李嘉誠醫學院外科學系教授兼肝膽外科主任盧寵茂後，才知道深圳和香港一河之隔，但醫療文化和制度卻有相當大落差。不過深圳經過多年努力改進，兩地差距已縮小很多。尤其自二零一二年設立香港大學深圳醫院（以下簡稱「港深醫院」），盧寵茂力推「綠色醫療」文化，大膽改革探索，影響甚為深遠。

一九六一年生於澳門，皇仁書院、香港大學醫學院畢業。香港大學深圳醫院院長、瑪麗醫院肝臟移植中心主管、香港大學李嘉誠醫學院外科學系教授兼肝膽外科主任。肝臟移植權威，一九九六年發明新技術，從健康的活人體內，割取三分之二肝臟移植給病人，成功進行全球首宗成人右肝活體換肝手術，病人存活率大幅提高。

　　所謂「醫者父母心」，盧寵茂的「仁心仁術」不僅是對待個別病患者，更普及業界。他帶領「港深醫院」樹立榜樣，醫院實施醫護人員「陽光收入」和推動「高薪養廉」薪酬制度，逐漸影響其他內地醫院仿效。中國內地醫院實施「三甲評審制度」（一個要求甚高、標準嚴謹的醫院評級制度，但未被國際認可），而香港和澳門的醫院則是接受澳洲 ACHS 國際認證評審。「港深醫院」於二零一五年獲澳洲 ACHS 國際認證資格，並於二零一七年通過國家三甲醫院評審，成為內地首家獲得 ACHS 和三甲評審雙認證的醫院。

　　盧寵茂認為，經由外國機構為中國的醫院作評審，不僅需花費巨額費用，且評估過程中更涉及大量國家醫療安全資料和病人資料，因此他建議將「三甲評審標準」國際化。此項建議經各級衛生主管部門研究並獲中央支持，成為深圳經濟特區先行示範區重點探索內容，深圳衛健委將重任交由「港深醫院」具體實施。以下是訪談內容：

66 「港深醫院」如何帶領深圳進行醫療改革？

　　「港深醫院」一直推行醫療改革，我們大力主張醫護人員「陽光收入」和推動「高薪養廉」，一經發覺員工有任何非法得益或收取紅包，便立即予以停職或革職處分，本醫院護士一般稅前年收入約二十五萬元人民幣，醫生平均稅前年收入是六十七萬元，高級顧問醫生收入可高達一百八十萬元，而且醫院每年薪酬有一定升幅。「港深醫院」不以推銷藥物或追逐病人數量為目標，而以靠優質服務和合理收費取勝。在此次疫情之下，一些靠銷售藥物或病人數量為主的醫院，因病人減少去醫院令醫生收入劇降，而「港深醫院」醫生收入保持穩定。

　　香港大學深圳醫院推出各種便民措施，無論是全預約、家庭醫學

全科、急診預檢分診、團隊診療和打包收費，以及堅持「暴力零容忍」和「紅包零容忍」，這些措施在深圳及內地開先河和創造新風氣。「港深醫院」以高標準定位、高品質發展和高績效營運，結果榮膺二零一九年深圳市「市長質量獎（社會類金獎）」，這也是首次有醫療機構獲此殊榮，「港深醫院」成為深圳醫療質量的一張閃亮名片。

醫院建院以來，全新診療模式受到社會和民眾的認可和讚賞，各項措施在深圳和全國更獲得推廣。醫院不僅於二零一五年成為內地首家獲得澳洲 ACHS 國際認證資格，更於開業五周年後順利晉級為三級甲等醫院，是全國最年輕三甲醫院，二零一七年成為國家住院醫生規範化培訓基地和廣東省普通高等醫學院教學醫院，並獲得「國家藥物臨床試驗機構」的資格。

截至二零二零年六月，「港深醫院」服務門急診患者人數達八百九十萬人次，出院患者三十多萬人次。作為香港特別行政區長者醫療券首個在內地的使用點，醫院已服務跨境香港醫療券長者逾三萬人次，成為深港跨境醫療合作重大突破。

66 何謂「綠色醫療」模式？

我是「綠色醫療」模式提倡者，這也是現代醫院管理的核心，目的是去除醫療系統的污染，主要分為四方面：

一是「銅臭污染」，如果醫院或醫生過於追逐經濟利益，只顧創收盈利，而不重視病人的權益，這絕非好現象；第二是「貪腐污染」，在這方面有好多灰色地帶，例如收紅包；第三是「惡習污染」，醫者不能亂開藥物給病人，濫用抗生素，這種禍害後患無窮；第四是「暴力污染」，有很多時候醫生和病人之間存有矛盾甚至仇恨，因為病人誤會醫生，互相缺乏信任，病人及家屬對醫生產生仇恨，並以武力解

決問題，結果釀成悲劇。

「綠色醫療」改革有八大主題：一是綠色辦醫，公平公益；二是綠色管醫，廉潔高效；三是綠色行醫，專業循證；四是綠色就醫，醫患互信；五是綠色質安，持續改進；六是綠色文化，慈善關懷；七是綠色科技，智慧領跑；八是綠色建築，節能降耗。

66 「港深醫院」和內地其他醫院在員工薪酬方面最大不同之處是什麼？

香港和內地醫療系統是「一國兩制」。香港醫管局實行的是全中國最「社會主義」的醫療制度，收費便宜大眾化和公益性，員工只有固定薪酬，沒有獎金及績效計算。而內地醫療系統是以市場化模式運作，醫護人員是以多勞多得和績效去計分，如果該醫院病人數量眾多和醫護人員效率高，則醫院整體收益便好，在這種情況下，可能造成「過度醫療」和「過度開藥」，如抗生素遭濫用，藥物發放過多，甚至有可能發生病人因服食過多過敏性藥物的不幸事故。

但「港深醫院」則是採取新的薪酬制度，員工基本薪酬佔工資百分之七十，而獎金及績效計分佔百分之三十，一方面鼓勵醫護人員的積極性，又可令他們安心工作，不需通過其他方式謀取利益。

66 「港深醫院」有否與眾不同設施？

「港深醫院」於二零二零年十二月開設動物模擬手術中心，並正式投入使用。作為華南地區最大規模的院建動物模擬手術中心，該中心將為專科醫師及高年資住院醫生提供手術模擬培訓服務，中心佔地面積約五百平方米，配有十個動物手術台。

❝❝ 您適應深港兩地的工作和生活模式嗎？

　　從二零一二年香港大學深圳醫院開業第一天起，我就開始了「雙城記」的生活，先開通了微信，也學會了使用微信支付，感受到和香港生活很不一樣的科技帶來的便捷，網上購物，滴滴打車，手機點外賣。香港人人都應該學會享受這種便利。

❝❝ 作為院長，您是否尚有其他重任在身？

　　我在「港深醫院」負責醫院事務外，尚要負責一項重要任務，就是將中國「三甲評審標準」國際化。人口僅約二千六百萬的澳洲訂立 ACHS 標準，可評審其他國家的醫院是否達到國際級醫療水準，各國醫院亦接納美國 JCI 標準去作評審。目前所有國際保險公司均須醫院獲得這些國際醫院評審機構認可，方會接受和認可病人醫療保險。但 JCI 評估一次收費相當昂貴，每次都要幾百萬港元，而且數年後又要再做一次。另外，經由這些評審機構採集很多數據資料，涉及國家安全敏感資料，如病患者個人資料、疾病詳細數據，均為保密資訊。所以在二零一七年「港深醫院」獲得三甲標準後，我便提議在大灣區九個內地城市和港澳兩個特區，要採用統一「三甲評審標準」。但鑑於國家「三甲評審標準」暫未被國際認可，因此需要開展推動其國際化的工作。

❝❝ 要如何推行「三甲標準」國際化？

　　實際上三甲醫院是中國內地才有，香港和國外均不知道三甲醫院意味着什麼，要推動認證制度接軌，便要把整套評審標準翻譯成外語。尤其是在疫情防控之下要做到香港與大灣區其他城市一體化，整個大灣區醫療系統也要打通，建立統一的標準更顯得迫在眉睫。

　　負責推行「三甲評審標準」國際化的機構是「深圳市衛健委醫院評審評價研究中心」。「三甲評審標準」有四百多條條例需要由中文翻譯成英文。另外，我們邀請了內地三甲評審專家和國際認證機構專家一起合作，共同建立新的「三甲評審條例」，以達到國際標準要求。估計今年年中可以準備好「三甲標準」第一版給國際組織機構評審認可，如獲接納便挑選深圳兩家醫院作為試行，當該兩間醫院評審報告獲國際組織認可，就會將國際版「三甲標準」推廣至整個大灣區及「一帶一路」沿線國家，讓國家標準走向國際。

66 疫情期間，「港深醫院」有否做些特別貢獻？

　　「港深醫院」在疫情期間創造了多個第一：接診第一例深圳和廣東省新冠肺炎患者；發現深圳首個家庭聚集性病例和首個兒童感染病例；發現第一個無症狀感染者；追蹤第一位密切接觸感染者。

　　這些「第一」體現醫院專業嚴謹管理水準，為深圳和廣東省的防疫防控拉響了警報。

66 「港深醫院」員工有否接種國產疫苗？

　　我本人已在本院接種國產疫苗，完成了新冠疫苗第二針的接種，並在注射前留存了血液樣本。我自願參與接種新冠疫苗後的抗體研究，作為實際臨床應用中的第四期數據，幫助真正了解和評估緊急情況下批准使用的新冠疫苗保護率情況。

　　「港深醫院」約三千六百名員工已自願接種國藥疫苗，另有約二千一百名員工已接種第二針，整體接種率約為九成二。當中有二十人接種後曾上報不適，包括出現如流鼻水和鼻塞等感冒病徵，但於短時間內已恢復狀態，並無嚴重不良反應。國藥疫苗是香港目前可以短

期接種的最大希望，建議香港爭取國家支持，盡快開展疫苗接種。如果疫苗能夠幫助香港疫情控制，其實是對香港好，國家也會更加好。

　　特區政府已預先採購的三款疫苗都有不確定因素，如科興未有足夠數據，國家藥監局未審批；復星及 BioNTech「復必泰」疫苗可能被限制出口；牛津和阿斯利康疫苗或於今年六月才供貨。我身為醫生，同意檢視疫苗第三期臨床數據後才使用是最好的。但在醫學上，決定一種治療或預防方案時，很多時候都未必有足夠的第三期數據支持，我認為專家組成員一定會考慮相關因素。在疫症大流行中要取得平衡，不能用以前流程作指標，加上今次疫苗審批相對較以往嚴格。

❝❝ 未來深港兩地如何加強醫療融合？

　　據統計，至少有逾五十萬港人長居大灣區各個城市。「港深醫院」自二零一五年起成為香港特區政府香港長者內地醫療券試點，過去幾年已有三萬人次長者在本院使用醫療券服務，初步建立了跨境結算機制。疫情期間，「港深醫院」為深港兩地跨境人員提供核酸檢測服務，並探索推動跨境醫療合作。受新冠疫情困擾，香港特區政府實施「香港醫管局在粵患者覆診特別支援計劃」，委託「港深醫院」為他們覆診，香港特區政府提供每人二千元人民幣資助，香港患者病歷首次實現「過河」。我認為今次可作為試驗計劃，逐步加強兩地醫療融合。

　　內地也正加快推動深港社會保障銜接，國家人力資源社會保障局和國家醫療保障局已宣布港澳台居民可在內地購買醫保。在我看來，深港兩地及大灣區醫療合作，遠非單純意義上的「一小時生活圈」，這種醫療衛生的合作，應該涵括同樣的醫療衛生政策、兩地互認的檢查結果、共用醫療數據和醫療人才評定互認等等。未來粵港澳大灣區要進一步深化合作，跨境醫療合作可以成為突破口，這方面「港深醫

院」已積累一定經驗。

　　深圳作為一個二千萬人口的城市，每一百萬人口的感染率較全世界很多地方都低，這也是香港值得學習的地方。

（此文 2021 年 3 月發表於《亞洲週刊》第 9 期，略有修改）

66 受訪感言

　　醫療改革創新關係人民健康福祉，亦是全球各地共同面對的重大難題。香港大學深圳醫院作為「一國兩制」下深港合作創新引領公立醫院改革的試點，自 2012 年開業以來，在深港兩地引起極大關注，但亦引起不少誤解與質疑，有人誤以為它是營利性私家醫院，有人稱之水土不服，更有人指它陷入營運及財政危機。

　　但由始至終我都堅決相信，這所我心目中的夢想醫院，是影響全國十四億人健康的最大「醫療實驗室」，也是香港大學開拓內地科研教學的最佳橋頭堡。九年來，憑着深港兩地同仁共同努力，積極融合兩地醫療優勢，醫院從無到有，從虧到盈，從質疑到認可，排除萬難，創建及倡導公立醫院「綠色醫療」改革模式，獲得國家的肯定和社會各界的推崇，在內地波瀾壯闊的公立醫院改革大潮中樹立全新樣板。

　　借助國家建設粵港澳大灣區和深圳先行示範區雙區驅動，「港深醫院」正承擔國家綜合授權試點多個項目，從推動國家三甲評審標準走向國際，到與香港醫學專科學院合作建立深港醫學專科培訓中心作為國際化醫學人才培養模式，從創新香港長者醫療券及醫管局在粵患者覆診支援計劃等跨境醫療服務流通，到作為「港澳藥械通」唯一試點引進港澳已上市藥物器械，「港深醫院」真正為香港醫學界發揮「國家所需、香港所長」精神，以粵港澳大灣區醫療同質化一體化為目標，融入國家發展大局。

　　感謝謝悅漢先生的訪談文章，為我和香港大學深圳醫院的初心與經歷作表述。展望將來，「港深醫院」將在「一國兩制」、粵港澳大灣區及先行示範區三個重大國策驅動下，加快深化深港合作，實現灣區醫療融合，樹立先行示範醫改標杆，造福民生，最終成為達至香港大學建校目標「為中國而立」的最有影響力項目。

盧寵茂

高永文

一九五七年生於香港，籍貫廣東潮州，一九八零年在香港大學醫學院內外全科醫學士畢業，後成爲骨科專科醫生。曾任職香港醫院管理局，二零零三年「沙士」（非典）期間署任行政總裁。二零一二至二零一七年出任特區政府食物及衛生局局長。

高永文暢言香港醫療制度具優勢

　　高永文認為，香港的公私營醫療同步發展制度優於世界上許多國家；啟德醫院落成後將是全港最大公立綜合醫院。

　　香港醫療問題是老、大、難，已經積累多年，這次訪問特區政府前食物及衛生局局長高永文醫生，方知道香港在醫療服務方面，過往多年的確是在艱難中前行。

　　高永文引述他年輕時陪父親去公立醫院看病，清晨便要在醫院門口排隊，醫院是採取「先到先看病」原則處理，而當時的醫生上班後，要先巡視病房觀察病人進展情況，才到專科門診部診治病人，所以病人往往要等候四五個小時才可看病。現今病人除往急症室要輪候外，大部分都

預約看病，大大縮短了等候時間。高永文舉上述例子說明，香港醫療服務在前行中。

二零零三年至二零零四年「非典」（沙士）疫情期間，當時醫管局行政總裁何兆煒因感染「非典」病倒，高永文臨危受命出任醫管局署理行政總裁，肩負重任，最後戰勝沙士疫情。他在二零一二年至二零一七年獲委任為特區政府食物及衛生局局長，又應對過禽流感、每年的季節性流感、中東呼吸綜合症、伊波拉（埃博拉）病毒等疫情，是本港各種疫情戰場上率領大軍的戰將，而且戰功彪炳。

談及香港醫療服務，他詳細引述並比較美國、加拿大、英國及新加坡醫療服務，認為香港醫療制度及設施和人才方面毫不遜色，甚至在某方面優勝於上述國家。

高永文指出，將於二零二四年落成的啟德醫院，是一間可提供二千四百張病床的龐大綜合醫院，有助紓緩香港病床緊張情況。高永文慨嘆，香港曾有十年時間完全沒有投放資源在醫療設施上，造成今日香港公立醫院病床嚴重缺乏的情況。

高永文過去曾參與四川汶川大地震醫療救援工作，又曾經說過，健康和幸福不是必然的，自己儘管偶有失意，相比其他人可能已算幸福，所以要花時間和心血關心一些需要關心的人。而他最崇拜的歷史人物是孫中山先生，一邊是因為他「天下為公」矢志救國救民；另一邊是他的無私奉獻，從不計較自身的政治利益。雖然高永文已自官場退下，現今懸壺濟世，重操骨科專業，但他仍義務擔任多個醫療組織顧問及主席。他還是第十三屆全國政協委員，身體力行以行動表達愛港愛國之情。

高永文當年在食衛局局長任內是該屆特區政府民望高企的官員，其溫文爾雅形象、平易近人作風以及踏實推動改革醫療服務，深得民

心。以下是訪談內容：

66 香港目前醫療服務是實行什麼制度？

醫療服務對於每一個人都是必需品，但全世界沒有一套制度是十全十美的，香港目前醫療系統是屬於雙軌制，即公私營醫療並行、同步發展，雙軌制可以給病人有所選擇，又可以幫助減輕公營醫療壓力。

香港私家醫院及私人診所可以提供醫療服務滿足各個階層的需要，一般病人患傷風感冒等輕微病症，可以隨時去私家診所接受醫療服務，而毋須去公立醫院排隊輪候。如果市民患的是高危病症如癌症或慢性疾病，或者需要做重大手術，又可以轉去公立醫院求診。

66 其他國家實行什麼醫療制度？

例如英國便實行國民醫療服務（NHS），即醫療服務全由政府提供，而美國及加拿大則以醫保提供類似的單軌系統。以美國而言，全民都需要購買昂貴醫療保險，如窮人負擔不起醫療保費，很可能得不到適當的醫療服務，會影響個人的健康，甚至影響生命。故此，（美國前總統）奧巴馬為幫窮人要推行「奧巴馬醫療計劃 Obama Care」，但特朗普一上場便推翻此項計劃。

而加拿大的醫療系統，是由國家負擔全國人民的健康醫療資源。不論是公立醫院或私家診所，都不向病人收費，他們都是向政府取回補助，令病人無從選擇。如果病人患急症重症，加拿大人便須去美國私家醫院求診，而且費用昂貴，這都是眾所周知的事。

即使新加坡也規定國民要供公積金及參加醫療補助計劃（medishield），國民患病去醫院或私人診所看病，都可以從醫療補助計劃金扣除，但如國民自己的醫療補助計劃金額不夠，便需要自行填補。

　　所有國家的醫療計劃，最大的問題便是醫療資源的持續性，即是指這個醫療資源是由國家或者國民負擔，要維持一個龐大的醫療系統開支，絕不容易，要維持其長期穩定的持續性，則更加困難。

66 能否解釋您所提出的「自願醫保計劃」？

　　「自願醫保」是你讓自己有更多及更好的選擇（MORE AND BETTER CHOICE），就是這麼簡單。參與自願醫保的保險公司提供由食物及衛生局認可並符合計劃最低要求的個人償款住院保險產品（「認可產品」）。此外，自願醫保的產品提供者必須遵守涵蓋銷售和推廣、處理投保申請和售後服務等的實務守則。消費者可以自由選擇是否購買認可產品。

　　自願醫保計劃的目標，是要提升住院保險產品的保障水平，為市民提供多一個選擇，透過住院保險而使用私營醫療服務，長遠可望減輕公立醫院壓力。自願醫保的條款已經透過保險業監管局作出指引，例如市民加入後保險公司不能拒保、保費只可隨年齡增長而不能按健康狀況改變。希望有條件及希望多一點選擇的市民盡量參與計劃，受僱人士越年輕加入這個計劃，便越有保障。

66 香港醫護人員嚴重不足，如何解決？

　　香港主要是公立醫院方面的醫生及護士人手嚴重不足。一方面可以先在兩間有醫學院的大學增加學生學位培訓人才；另一方面，醫務委員會可以透過有限度醫生註冊制度，吸引一些在海外學醫的香港學生回歸香港行醫。

　　一般獲得有限度註冊的醫生，可以獲得醫管局三年服務合約。這些醫生人才在醫院管理局屬下機構工作三年，在這段期間，他們便可

以考取香港醫生執業資格。另外，透過公私營合作機制以及自願醫保計劃，病人可以在公立醫院看病，但亦可選擇轉往私家醫院或診所就診，這有助解決公立醫院人手不足問題。

66 您對今年初有醫護人員發動罷工有何看法？

我記得在二零零三年香港發生「沙士」（非典）疫情，全港醫護人員均緊守崗位，沒有一個做逃兵。當時有三百個醫護人員感染「沙士」，其中八名醫護人員更加為疫情犧牲，至今他們仍長留香港醫學界歷史和市民腦海中。大家對他們的尊敬和懷念之情，是永誌不忘。

對於這次部分醫護人員以政治理念為先，打破「有救無類」的道德底線，罔顧病人福祉，是絕對不能接受。我們作為醫護人員，永遠應以病人的利益為先。

66 您作為骨科醫生，如何評價香港骨科醫療水平？

香港的骨科醫療水平一直很高，此前在脊骨結核病的手術就曾作出重大貢獻，同時香港亦曾進行過很多創新的骨科手術。隨着人口老化，骨科醫療服務需求很大，其中關節置換手術在公立醫院的輪候時間相當長，所以希望能以公私營合作方式，解決這方面的問題。此外，骨質疏鬆問題亦很嚴重，目前這方面的宣傳及服務是不足的，所以政府及骨科醫生組織可以做多些宣傳工作，讓市民注意骨質疏鬆問題。

66 香港醫療人才如何幫助大灣區醫療服務發展？

由於香港本身醫療人才亦十分緊張和短缺，所以不可能將大量醫護人員調動去大灣區工作。但是香港醫療是和國際接軌，在醫療管理及服務模式方面都比較先進，在這方面可以幫助提高大灣區的醫療管

理及服務水平。

66 當今全球的工業和服務業都進行數據化和自動化，請問香港醫療服務如何進行數據化和自動化？

香港的病人病歷系統是相當先進的。例如現今使用的「醫健通」，令私家醫生在登記後，便可上公立醫院網站，共享病人病歷資料，方便醫療機構之間的互相溝通，並對病人病歷較快速了解，幫助醫生擬定診治方案。

另外，歐洲及中國內地已可提供遠程醫療服務，醫生可透過視像服務及電腦程式，為病人診症。基層市民如果患的是傷風感冒一般疾病，亦可以透過人工智能醫療服務模式，解決病人輪候診症問題，這亦有助解決公立醫院沉重負擔。

66 您提到醫療管理及文化已有極大改變，何以見得？

以前公立醫療系統是以醫生為中心，現今的醫療系統文化則是以病人為中心，這便是最大變化和不同之處。

由於公立醫院人手不足，仍有許多未盡完善之處，但病人現今到公立醫院求診，由登記、分流、量體溫、見醫生至取藥，都透明公開和有效率，加上病人病歷的儲存電腦化，以及「醫健通」方便公私醫院及醫生查閱，並非全世界國家都能如此普及。

66 您的家庭四名成員都為醫生，可以談談這方面的情況嗎？

我們一家四口都是醫生，但我個人從不勉強兩名兒子一定要從醫，事實上，我是任由他們自由發揮所長，他們二人在大學的第一個學位，分別是學生物及生物化學，然後第二個學位才是學醫。

　　其實我的近親都是做醫護工作的，我姐姐和妹妹、我的小姨和小舅的太太也是護士，我的媳婦也是物理治療師，家族裏有九人是醫護界人員。

66 您是何時培養出家國情懷？

　　我相信主要是家庭關係，我父母目睹及經歷過日本侵華和國共內戰，曾有一段時期，父親和母親都要分開兩地多年，父親先來香港工作，其後才接我母親從內地來港，我則是在香港出生。

　　我父母親都是熱愛國家的人，雖然我是念理科出身，但中學時都有接觸中國歷史，知道國家曾受過很多苦難和受到列強入侵，對中國歷史和文化，從小就有濃厚興趣，可能因此培養出我的家國情懷吧！

　　（此文 2021 年 7–8 月發表於《亞洲週刊》第 30 期，略有修改）

❝ 受訪感言

　　一場疫情，為我們的生活帶來不少改變和不便。縱然如此，這場疫情亦有一些「副產品」，就是多了人關注自身的健康及本港醫療系統的發展。事實上，過去在任何平台討論醫療政策都是困難的，畢竟本港醫療服務在過去數十年不斷改善和發展，大體上市民亦能夠得到可靠的醫療服務，社會焦點當然不會經常落到醫療系統之上。

　　但隨着人口結構改變，醫療服務日漸飽和及醫護人手不足等問題亦陸續浮現。現在我們正正需要反思，到底如何提升醫療系統的「可持續性」？如何善用不同醫療專業？以至是更長遠，如何令市民更健康？通通需要社會集思廣益。

　　特別要感謝謝悅漢先生的訪問，讓我能夠講出一點心聲及看法。期望未來亦可看到各界就醫療系統的發展有更多理性討論。

高永文

第五章

香港新角色與變革前景

范徐麗泰

一九四五年出生於上海，來港後在聖士提反女子中學就讀，其後升讀香港大學，先後獲頒發理學士（化學及物理）學位、人事管理文憑及社會科學碩士（主修心理學）。曾出任立法局議員、行政局非官守議員，教育統籌委員會主席。一九九七年後，歷任臨時立法會主席、連續三屆立法會主席，第十一、十二屆全國人大常委會委員。

范徐麗泰剖析香港新角色

　　范徐麗泰表示，香港特區政府政治警覺性偏低，未有意識到外部勢力暗中扶持香港反對派。特區政府應透過實質行動幫助年輕人到大灣區發展；必須改善入境政策，方便人才來港工作及定居。

　　范徐麗泰的政治生涯始於港英時代，一九八三年先後出任立法局議員、行政局非官守議員，於一九九二年辭去立法局議員一職。一九九七年至一九九八年任特區臨時立法會主席，之後連續三屆當選立法會主席，前後達十一年之久。卸任後出任兩屆全國人大常委會委員，一生均與政治有緣，並且廣受市民愛戴和敬重。

　　在她擔任立法會主席期間，

甚少發生「拉布」（議員利用程序問題阻撓議事）事件，更少見議員肢體衝撞，但其後議會內吵鬧衝突和「拉布」成為常態。問及她的看法，她只是輕描淡寫說「不在其位不便多言」，但非常樂意暢談港事港情。以下是訪談內容：

> 66 二十三年前，香港在很多領域長期在中國排名第一，在亞洲也數一數二，現今卻居深圳之後，為何有此巨大轉變？

根據中國社會科學院去年調查中國二百九十個城市，過去六年來綜合經濟競爭力都是深圳第一、香港第二，我認為有以下原因：港英時代是將香港設計為一個經濟城市，而非一個政治城市，只鼓勵市民去賺錢和做生意。但在一九九零年基本法通過之後，港英政府就開始推動選舉，將權力下放要「還政於民」。「末代港督」彭定康來港後，罔顧中英兩國外長的共識，扭曲選舉方式，令反共的「泛民主派」影響力大增。

回歸後各屆特區政府都只重視經濟發展及「以和為貴」的施政策略，政治警覺性偏低。特區政府未有意識到外部勢力暗中扶持「泛民主派」，亦未有察覺香港開始偏離經濟都會的發展，而進入政治鬥爭的亂局。在港英時代，警察總部設有政治部，由保安司管轄，搜集情報，但在回歸前被遣散，政治部內接觸到敏感資料的人，都獲優厚的遣散費及居英權，絕大部分和家人去了英國定居。英國將有關機密文件和情報資料調回英國，所以特區政府是完全沒有情報資料的。

> 66 為何政府角色由一個「領航者」轉為「服務者」？

自從彭定康來港主政後，他勒令政府部門都要有服務承諾，表面上看似是一個德政，但逐漸有些市民形成一種心態，就是政府部門應

該滿足他的要求，未能令他們滿意，他們就去投訴有關部門，如果政府不能解決問題，就是政府做事不負責。過往市民艱苦拚搏、自力更生心態漸漸轉變，變成不滿就去投訴，依靠政府去解決所有難題，政府亦變成一個「服務型政府」。

在當今科技發達、競爭日益激烈的社會，全球各地都爭分奪秒去搶市場，去創新改革，必須要有一個「領航型政府」率領全民去打拚，但當政府只求滿足市民需要和應付市民投訴，怎能成為高瞻遠矚和有擔當的「領航型政府」？

❝ 內地和特區政府官員都鼓勵香港青年人去大灣區發展，但青年人根本不知道如何入手，您有什麼建議？

我帶過香港教師去大灣區考察，當地有關機構接待，均承諾將提供港青去當地創業或就業資料，但其後便無下文。我也上過特區政府的大灣區網頁，發覺有很多資料，例如在二零一九年五月有十家粵港青年創新創業基地支持香港青年到大灣區就業創業，但找不到如何聯絡他們，當然也無法知道這些機構對申請者有何要求，以及對有志創業者有何支援。特區政府可否緊密聯繫大灣區九個內地城市，或透過特區政府駐粵經貿辦事處，聯繫這些城市有關機構，搜集創業或就業資料，然後將資料有系統性地上載在特區政府網站上，讓香港青年人可以得到多些資訊參考，幫他們起步。

現今電視台介紹大灣區，都只是介紹當地吃喝玩樂，沒有關於港青去大灣區工作、定居等的資訊、會遇到的問題或者哪些部門可以查詢？我認為香港有不怕吃苦的青年，他們亦有拚博精神，但他們需要明燈指路。我們不能「得把口講」（光說不練），只是鼓勵而沒有實質行動，或者有實質行動但不懂得向青年有系統地宣傳。

❝ 中美博弈，香港如何定位？如何發展經濟？

　　估計未來十年，中美博弈都會持續，而香港無可避免地成為磨心。「五眼聯盟」加上印度想盡辦法阻礙中國發展也會波及香港。歷史和現實已經為香港做了抉擇，我們是中國的一部分，祖國是我們強大的後盾，我們背靠祖國內地這個世界最大的市場，貨流、人流都會取道香港。雖然香港是眾多通往內地的城市之一，但我們有「一國兩制」的制度優勢，有「中西合璧」的生活方式，有「自由流通」的財經運作便利，更有被國際認同的「法治制度」，只要我們不去破壞自己的家園，外來的壓力是不能壓垮香港的。

　　國家主席習近平在深圳經濟特區建立四十周年慶祝大會上指出，要堅持發展是第一要務，人才是第一資源，創新是第一動力。我認為這三句話對香港非常合用。香港必須擺放在正確位置上，就是要去發展，無論是經濟、文化、民生，都要努力去發展。我們要摒棄無謂的「政治秀」，反對自殘的「攬炒」，認清事實，重拾心情，埋頭苦幹，實事求是，再造「香港精神」。人才是第一資源。深圳目前已經超越香港成為內地各省市人才匯聚的地方，所以香港要積極去吸引世界各地創新科技人才。例如美國目前出現排華情緒，所以香港應趁此機會，積極地去吸引和爭取更多華裔科學家、創新科技人才到香港。無論是本地的年輕創新科技人才，或來自西方的華裔創新科技人才，特區政府都應提供各種協助或支持。同時香港必須從速改善入境政策，方便人才來港工作及定居。

　　我們香港的大學及科技園有不少尖端的科研產品，研製成功後都需移往大灣區生產。成功的內地產業都可以來香港進行 IPO（首次公開募股），例如螞蟻金服最近便在香港上市，據聞抖音亦打算來香港上市。中美博弈令本來在美國上市或準備上市的企業都考慮轉來香港

上市。所以說，中美博弈對香港來講，有危亦有機。一切都在香港市民的一念之間。我們中間的一些人，如能不受煽動，臨崖勒馬，拒信謠言，放下成見，同其他市民一起重建香港，以「一國兩制」的運作，融入國家發展，香港必能重振雄風。

66 由今日至二零四七年，香港將否有重大變化？

香港一定要保持經濟穩定繁榮，如果香港人攬炒就會令香港經濟懸崖式下跌。不過，我對香港前景及經濟發展充滿信心。香港背靠祖國內地（全球第二大經濟體）這一座大靠山，國家對香港只有善意和大力支持，絕對不想香港經濟停滯不前，如果香港不實行「一國兩制」，對國家而言，只是多了一個內地城市，更比不上深圳或上海，是沒有特別好處的。早在新中國成立前夕，毛澤東就已經對香港作出「長期打算，充分利用」的戰略決策，到八十年代初鄧小平更決定香港繼續實行資本主義制度，並認為對實行中國特色社會主義制度的中國內地是有利。由此可見，中國國家決策者是不會改變香港奉行資本主義，只有中國的對手和敵人，方會想方設法來破壞香港的穩定和繁榮，並企圖推翻「一國兩制」。我個人認為，二零四七年之後，香港都無需要改變現狀，因為對香港和對內地來說都是件好事。

66 您對改善香港教育問題有何意見？

香港中小學已經每年都有獲特區政府資助，去內地參觀交流。我希望特區政府教育局和廣東省對等單位教育廳合作，協助兩地的中小學建立更密切聯繫。例如結成姊妹學校，目的是讓兩地的同學有比較恒常的接觸，對各自的生活、環境和社會多點了解。教育改革方面，仍需從老師方面開始，我於二零一五年和數位志同道合好友，共同設

立「勵進教育中心」。其中一項活動是帶教師去參觀內地的發展,譬如能源、航運、科技等。教師們親眼看、親耳聽、用手機拍錄,自然會同學生分享。我們需要審視教材和教學內容有否偏差和出錯。希望特區政府教育局可以保護學生不被偏頗的教材及欠缺師德的教師洗腦。

特區政府對互聯網毫無監管,心智未成熟的青少年會深受內容不良的訊息影響,例如互聯網上一些 KOL(意見領袖)流行講粗口,令到青少年以為講粗口是時尚,於是爭相效法,每句話都帶粗口,令人慘不忍聞。更甚者,有 KOL 散播反對政府的謠言,鼓動人上街示威搗亂,令青少年以為這樣才是英雄和勇士。這些歪風邪理,使一些青少年誤入歧途。我覺得政府有責任去監管和改變這種不良風氣。目前很多青少年盲目自信,卻不懂得反省,只識批評而缺乏實踐。學校教育未能令青少年有國家和民族情懷,造成今日失落的一代。「青年弱,香港就弱;青年強,香港就強」,我們不能繼續袖手旁觀。

66 為何特區政府對立法會「拉布」束手無策?

香港立法會的議事規則源自英國國會,但有的地方沒有跟隨。英國議會辯論時是容許「拉布」,但是有時限性,規定個別議程要在某個時限結束。但香港議會就沒有此規定,因此「拉布」就可以拖下去。在我擔任立法會主席時,甚少有「拉布」現象。記憶所及,是曾鈺成任立法會主席時,「拉布」情況日益嚴重,最後曾鈺成都要用主席的權力結束該議案的辯論,俗稱「剪布」。去年立法會內務委員會主席選舉,要七個月時間才選出,可能現任立法會主席需聽取各方面意見及不同的法律意見後,方可作出決定。

❝ 去年建制派在區議會選舉中大敗，您有何分析及建議？

我相信反對派用了大數據及互聯網去進行選舉工程，美國政府用公帑支持的政治性團體在幕後支持亦起了極大作用，這可以從美國國會聽證會上有關人士印證上述說法。美國不僅提供經費亦可能提供選舉經驗，而青年人受攬炒派宣傳和互聯網攻勢影響，投票支持反對派。

當然，建制派未有採用大數據，爭取選民方式方法亦較為落後，未有追上時代，亦是原因之一。另外，選舉方式亦有不足之處，選舉委員會應該讓投票過程更人性化一些，例如讓長者排另一條龍，免得長者站得太久而放棄投票。

❝ 您會否鼓勵年輕人從政？

我不會鼓勵年輕人從政，因為這是個人選擇。如果年輕人有興趣從政，我非常樂意和他們交換自己個人的經驗及心得，作為給他們的參考。只有自己有決心才能堅持從政之路，因為從政會遇到很多不可預料的事情，亦會承受不足為外人道的壓力。從政始終要將市民的福祉放在第一位，其實從政不一定可以得到名和利，甚至名譽經常會因抹黑而受損。至於利益而言，必須避免利益衝突，因從政而獲大利者，極可能被人詬病，所以不要為名利去從政。

❝ 您有什麼勸喻給反對派？

希望反對派放棄破壞和批判，不要為反對而反對，最好能返回為市民服務的正軌。不論是什麼政黨或派系，只要為市民做實事，他們市民都會感激你的。

（此文 2020 年 11 月發表於《亞洲週刊》第 45 期，略有修改）

❝❝ 受訪感言

經一事，長一智。

2014 年的「佔中」，2016 的「旺角暴亂」，2019 年的「黑暴」，終於令很多香港人覺醒。香港回歸後，特區政府專注發展經濟，貧富懸殊加劇，忽略國民教育，矮化中史地位，對外國及境外勢力利用金錢、人脈、傳媒、社交平台等等手段，荼毒部分香港青年人一無所知。不少有影響力的人，對本地的反對派，都認同採取以和為貴，可讓則讓的做法，卻不警覺部分反對派是受外部勢力所控制。利用我們的一些政客、青年人來攬炒香港，西方主流傳媒為他們搖旗吶喊，西方政客為他們撐腰。香港亂了，首先遭殃的是我們、香港市民。香港亂了，「台獨」勢力利用來贏選票，英美政府和政客竊喜之餘大說風涼話。香港亂了，國家擔心痛心，必須救，明知敵對勢力會乘機抹黑醜化我國，也甘願付出代價，說做就做。香港國安法令香港社會恢復安定。修改基本法附件一及附件二完善香港的選舉制度，令攬炒派不能再在立法會搗亂，同時落實「愛國者治港」。

經歷了黑暴亂港，經過沉痛的反思，我們應該明智地、清晰地規劃出香港要走的路。

香港繼續為國際金融中心，中西文化交匯處，歡迎各國企業來港。但不再是西方的「間諜樂園」，亦不容許外部勢力在此蠱惑人心。

特區政府的施政能力和效率在立法會相互制衡、相互配合下，顯著提升。爭取盡量紓緩貧富懸殊，解決房屋短缺等問題。

公務員盡忠盡職，放棄墨守成規，以服務香港市民為己任。

教育好我們的下一代，令他們成為有根的、認識大灣區的、了解國情的一代。嚴肅處理失德教師、不實教材。切實培訓和支援教師。

以破釜沉舟的意志，解決網絡上的起底、造謠、煽動、危害他人

安全等等問題，令不負責任、無恥之徒面對法律的制裁。

　　以上的列表可繼續寫下去，不過，最重要的是我們自己，我們願意齊心協力為香港嗎？我相信有很多人是願意的。

　　讓我們多做實事，反省過往，改進未來。讓我們團結一致，保衛好、建設好我們的香港，我們的家園。讓我們唾棄「泛政治化」，積極發展經濟，用好「十四五」規劃和大灣區的機遇，贏回東方之珠的美譽。

范徐麗泰

李慧琼

一九七四年出生於香港，香港科技大學會計系畢業，是香港註冊會計師。一九九九年首次當選區議員。二零一二年首次當選立法會議員至今。二零一五年出任民建聯主席。曾出任香港行政會議成員。現任港區全國政協委員。

李慧琼闡釋香港變革前景

香港建制派最大政黨民建聯主席李慧琼表示，民建聯並非事事迎合特區政府意思而是有其主張，青年民建聯是培育未來青年領袖的平台。她力推特區政府盡快將疫情「清零」，並提出設立失業援助金。

民建聯的前身是成立於一九九二年的民主建港聯盟，二零零五年與香港協進聯盟合併，改名為民主建港協進聯盟，仍簡稱民建聯。目前有會員四萬五千多人，創黨主席是曾鈺成，其後由馬力、譚耀宗接任，現任主席李慧琼是第四任。李慧琼是於一九九九年首次參加區議會選舉，當時二十五歲的她首次於九龍城區議會土瓜灣北選區參與直選並勝出，成為當時香港最年輕

的女性區議員，於二零一五年出任民建聯首位女性主席。

李慧琼畢業於香港科技大學會計系，亦是專業會計師，在香港四大會計師行之一任職，如果她堅守會計崗位，相信以其聰明才智和努力，定必成為高級合夥人，不論收入和財富，相信遠比現在為高，但她選擇了崎嶇難行的從政之路，經過二十一年磨練已成為資深政治人物。

若無愛港愛國情懷和使命感，相信李慧琼很難頂得住工作壓力，她亦沒有辜負廣大港人對她的期望。她於多年前在一封給女兒的家書中，表示看到女兒健康快樂地成長，就令她很有成就感。她看到民建聯茁壯成長和對政府建言發揮到影響力，令市民感受到政府的德政，相信會令她有更大成就感。以下是訪談內容。

66 有很多市民感覺上認為，民建聯是建制派和「保皇黨」，您認同嗎？

好多市民以為建制派同特區政府意見、看問題是一致的，事實上並非每事如此。例如，今次民建聯與特區政府在防疫和抗疫工作的意見並不相同，民建聯是支持內地呼吸系統專家鍾南山教授的建議，認為全民檢測是較佳方法，但特區政府並不認同及不接受。當今世界在防疫抗疫有兩個方向，一些國家採取自由放任形式，例如拉美國家、美國及歐洲部分國家是採用此法，但大家都可以看到，這些國家的新冠肺炎疫情都相當嚴重，我相信香港人是不會接受歐美國家這種防疫措施。在中國內地方面，就採取相當嚴厲的防疫措施，用封關封城和全民檢測排查方式，大家有目共睹，成效非常顯著，可以達到「清零」效果。內地經濟已經開始反彈，國內內循環已開始運行，國際外循環亦已開始。

❝ 作為香港建制派最大黨民建聯主席，困難之處是什麼？

在現行立法議會制度下，共有七十個議席，民建聯雖為立法會最大黨，但亦僅佔十三個議席，所以按比例來說並不是大多數。但市民對我們期望很高，因為我們是立法會第一大黨，市民期望我們能替他們解決問題。民建聯經常向特區政府就政策提出改善建議，但政府並不一定接納，例如我們提出全面強制檢測的建議，政府就沒有接納。

香港的政治體制是以行政主導，香港議會並非如西方議會運作，民建聯並非執政黨，亦非執政聯盟，特區行政會議成員雖有民建聯成員，但他們是以個人身份加入，施政必須聽命於行政長官。而我們雖向政府提出多項意見及主張，政府並非照單全收。又例如，在香港面對世紀疫症，失業率高企，雖我們多次向政府提出失業扶助計劃，但政府至今沒有接納。

我們跟西方其他政黨一樣，參與民主選舉，但在基本法架構下，卻又沒有一個執政黨或執政聯盟之實。這個政治架構令民建聯爭取市民支持方面，的確有不少困難。

當然辦法總比困難多，在香港獨有的政治環境下，我們依然會全力以赴。就以最近力促政府打好防疫戰上，特區政府採納了我們不少建議，包括補償受災行業及打工仔；全民派錢共度時艱；推動社區普測計劃及增加社區檢測中心；帶頭開設更多臨時職位及提供誘因鼓勵商界參與紓緩失業問題等等。

❝ 您對香港司法制度及問題有什麼意見？

在基本法的保障下，香港擁有司法獨立，這是香港作為國際城市的一項獨特優勢，需要保持。最近，司法制度與香港其他制度一樣，由於社會的急速變化而出現不協調的情況，引起社會上持不同政見立

場的市民對法官判案表達不滿，對部分判案不認同、不理解。司法機構必須正視這些意見，並適時對自身運作予以檢視。

　　出現這些情況的原因，不少是由於司法機構在運作過程出現了不協調，例如不同法官在審理案件時會出現處理不一致、量刑出現偏差等，再加上目前社會高度政治化，法官的判案被高度關注，都加劇近來社會對司法界的批評。要處理這個問題，我認為律政司司長作為特區政府的首席法律顧問，在關鍵時刻，必須站出來。律政司司長首要責任是維護法治，若對法庭的裁決有不同意，便應按照基本法賦予她的職權作出上訴，及公開清楚解說政府的法律觀點。而律政司司長過去較少表達這方面的意見，令很多市民無法理解不作出上訴背後的理由究竟是什麼。另一方面，司法機構與任何其他機構一樣需要與時並進，要不斷自我檢視、更新、甚至改革。

66 **您如何看待香港的現況及將來前景？**

　　短期而言，我對香港前景的看法是悲觀的。香港是一個外向型的細小經濟體，很受大環境影響。過去一段時間，香港受制於兩個大環境：其一是大國博弈，其二是疫情持續。香港不幸成為中美博弈的戰場，雖然美國總統選舉有了初步結果，但不明朗因素持續影響世界大局。然而，無論誰人當上美國總統，大國博弈的格局不會有什麼根本性的變化。因為以美國為首的陣營，始終會用盡一切手段遏止中國的發展。而香港在這個大國博弈的漩渦之中，難以獨善其身。

　　另一個大環境是疫情肆虐全球，而且日趨惡化。我認為香港經濟要踏上復甦之路，首要是遏制疫情，再用好「一國兩制」的優勢，讓香港接入內地的「內循環」、甚至「雙循環」。

　　但香港疫情在過去一年一直反覆，一日疫情未「清零」，一日就

未能啟動與內地健康有序通關，經濟復甦難有曙光。再加上兩輪「保就業」計劃本月結束之後，特區政府明言再撥款紓困的空間不多。雖然我不同意特區政府的看法，因為政府儲備仍有八千多億港元（約一千億美元），在世紀疫情下，特區政府有必要突破思維，但始終未見特區政府就紓困提出下一步，例如設立失業援助金，所以我對香港短期前景並不太過樂觀。

66 您對香港的教育和傳媒有何看法？

每一個城市都要做好教育，讓年輕人可以透過教育制度不斷進步，提升自身競爭力，同時讓城市培育多元人才。在過去一段時間，香港的教育制度未能走在時代的前端。面對全球一體化，香港年輕人的競爭力受到很大的挑戰，另一方面，他們在香港教育制度內又面對很大的壓力。其中一個原因，是香港教育制度過於單一，主流課程都是為準備考文憑試而設計，而沒有在較早階段提供不同學習模式，做好分流，令部分學生因不適應學習模式而有挫敗感及沮喪感。

事實上，報考文憑試人數近年不斷下降，這固然涉及不同原因，但也反映不少學生以腳投票，不選擇文憑試。我促請政府針對這個問題，推動更多學校引入更多文憑試以外的課程，讓家長和學生有更多選擇。另外，我支持政府最近改革通識科，因為通識科已被很多家長及學生詬病。期望今次改革，可以減輕學生的壓力，亦讓這個科目能夠成為培養學生正確認識國家的搖籃。

至於傳媒，傳媒是第四權，肩負監察政府和社會的功能，亦要履行本身的社會責任，秉持公正、持平及中立的原則揭示社會不同問題及其本質。隨着科技發展，香港網媒迅速發展，這些網媒的入門門檻低，組織隨意，報道講求即時性，往往造成假新聞和網絡謠言滿天飛

的情況,對社會造成很大的滋擾。

此外,面對資訊新時代,特區政府明顯未能做好公共政策的宣傳,令不少政策尚未出台,社會已充斥抹黑謠言攻擊,例如去年的逃犯修訂條例及近期的「明日大嶼」計劃都是明顯例子。為免公眾受到失實偏頗的言論影響,特區政府必須要狠下決心,改革公共政策資訊發放渠道及效率,要做到針對性而及時地反駁假消息。

66 您對香港青年有所期望嗎?

在「一國兩制」下的香港,我期望青年做到「立足香港、胸懷祖國、放眼世界」,希望他們可以增強自身的能力,處事要保持客觀、冷靜、理性,從不同角度了解香港面對的環境及問題,努力在新形勢下闖出路。青年要掌握香港的未來發展方向,如果要進一步發展,大灣區是一個有潛力以及不錯的選擇。據我觀察,香港青年普遍比較「本土」,無論出生、讀書以至發展都會選擇留在香港。我期望香港的青年能夠有更大的胸襟和更闊的視野,適應新世界變化,放眼大灣區甚至「一帶一路」,尋找一條屬於自己的出路。

66 能否詳細介紹一下青年民建聯?

青年民建聯(簡稱「青民」)是民建聯的青年軍,原為民建聯屬下的青年小組。二零零四年六月,民建聯中央委員會決定將原有之「青年小組」升格為直屬聯盟常委的「青年民建聯」,由青年民建聯委員會負責統籌民建聯三十五歲或以下青年會員的工作。青年民建聯成立之初,除了延續過往為青年人發聲的宗旨及為香港各界青年搭建平台,讓青年人可以參與其中並議政論政外,第七屆青年民建聯委員會更將青年工作擴闊至全港十八區,將青年民建聯的組織建設力量,全

面深入地區。

本屆（第八屆）青年民建聯委員會將會向跨階層發展出發，並善用粵港澳大灣區的機遇，為香港年輕、專業朋友，找到更多、更好的發展機會及盡展潛能的平台。凡年滿十八歲之香港市民，有志於參政、議政，熱心社會事務，認同民建聯的宗旨，都可申請入會成為會員。而三十五歲以下的申請人就會自動成為青年民建聯會員。

66 民建聯未來的大計是什麼？

民建聯作為愛國愛港的旗幟，在香港目前艱難時期，我們要守護「一國兩制」。因為我們深信「一國兩制」在過去、現在及將來都是對香港最好的制度。

我們中長期的目標是繼續為香港培訓更多政治人才，包括管治及參選人才，透過自身的實踐，為「一國兩制」走出一條光明的道路。

短期而言，我們會在議會新形勢下做好工作，力推特區政府盡快做到疫情「清零」，力爭盡快有序健康恢復通關，讓香港經濟踏上復甦之路；亦會力促特區政府切實幫助低收入家庭、失業以至開工不足人士，讓有需要人士度過艱難時刻。從社會層面，我們會繼續團結不同的力量，繼續走入群眾，爭取支持。

66 請您談談從政心得和感受。

面對香港目前內憂外患，形勢嚴峻，未見曙光，我想起二零一五年七月，時任全國人大常委會委員長張德江會見民建聯時，我向委員長說的一句詞：「雄關漫道真如鐵，而今邁步從頭越」。這句詞出自毛澤東的《憶秦娥·婁山關》，前半闋說的是紅軍處境艱難，部隊有一種悲壯的氛圍；後半闋說的是雖然雄關漫道難以攻克，但紅軍英勇

頑強不怕犧牲，攻克婁山關後心境開闊，同時也感懷犧牲的烈士們灑下熱血。

　　民建聯從來都在艱難中成長，無論前面是狂風暴雨抑或上山落斜，我們都會咬緊牙關，與香港人一起勇敢踏前，走出困局。謹此與香港人共勉。

　　（此文 2020 年 12 月發表於《亞洲週刊》第 50 期，略有修改）

❝ 受訪感言

2020 年 12 月我接受了謝悅漢先生的訪問，而訪問稿已於 2020 年 12 月 14 日第 50 期的《亞洲週刊》刊登。整體上，我認為謝先生是一位積極的提問者，細心的聆聽者，同時落筆準確，寫了一篇有角度而持平的報道。

縱觀整個採訪過程，謝先生提出了不少好問題，可見他事前做足準備，亦緊貼時事，不但留意本地新聞，亦對其他地方的政情有一定掌握，能夠將香港問題放在較宏觀的格局中分析，令人印象深刻。

對於時局形勢，謝先生固然有自己的一套看法，但在採訪中沒有半點喧賓奪主，不帶個人傾向，能讓受訪者暢所欲言，從而捕捉當中的思路和觀點。而訪問文稿條理分明，沒有把自己的觀點取代了報道的焦點，能夠全面而忠實地表達受訪者的觀點。

李慧琼

吳秋北

一九七零年出生，籍貫福建晉江，中國社會科學院文學博士。出任港區全國人大代表、香港工會聯合會會長、香港文職及專業人員總會監事長、廈門市政協常務委員、香港特別行政區政府人力資源規劃委員會委員、全國港澳研究會成員等職。

吳秋北維護工人權益反擊攬炒派

　　吳秋北領導四十二萬名會員的香港工業聯合會（簡稱工聯會），與時俱進，踏入大數據時代，融入充滿無限生機的大灣區。他踢爆攬炒派陰謀，質疑攬炒派成立新工會別有用心，呼籲特區政府嚴格把關。

　　工聯會是目前全港最大的工會組織，現年五十歲的吳秋北是現任工聯會會長，作為工會掌舵人，他要帶領工會與時並進，克服無數挑戰，踏入大數據時代，融入充滿無限生機的大灣區，以及為會員解決困難和爭取福祉，肩上擔子絕不輕。

　　工聯會七十周年歷史圖文集《風雨真情》記載工聯會於一九四八至二零一八年的發展史，見證工聯會七十年來在困頓

的環境中發揚守望相助和團結精神，在艱難的歲月中與國家和香港同進步共成長，與工人群眾同甘苦共患難。

在五十年代初期，港英政府頒布一系列嚴苛法例來打壓愛國社團，由取締社團、禁止活動至遞解出境，工聯會歷年來被港英政府遞解出境的工會領袖與工作人員共九十九人，反映在港英早期殖民統治時代，是一個「愛國有罪」的年代。

工聯會歷經無數艱苦，但從來毋忘初心，就是為工友們維護權益，爭取福祉，其中最突出的工作，是創辦了勞工子弟學校、工人醫療所及工人俱樂部三大福利事業。以下是訪談內容：

66 當前工聯會最急切任務是什麼？

我於二零一八年出任會長，但出任會長前，曾擔任理事長九年之久，所以對會務比較熟悉。由於二零一九年發生黑色暴亂，再加上今年有肺炎疫情影響，無可否認對發展會務有重大衝擊。當前工聯會最重要工作是協助會員解決就業問題，以及一些勞資糾紛，維護工人權益。

66 最近反對派及攬炒派在工會方面有何動作？

自從他們於去年區議會大勝後，他們在特首選舉委員會（上屆共一千二百名選舉人）便可全取一百一十八名區議會選舉人席位。現今他們又密謀在工會議席取得選舉權，近一年來他們利用勞工處職工會登記條例的漏洞，短期內成立逾千間新工會，因為以目前成立工會條例規定，只要某行業有七名成員就可組成一個工會，正式運作一年後，就可登記成為「選民」。但部分新工會成立的目的存疑，並非真正為爭取僱員的權益而設，而是有其他政治目的，當中

非常有可能違反國安法，勾結外部勢力進行破壞和恐怖活動，擾亂社會金融和治安。

故此，本人呼籲政府有關部門要密切注意這些新工會，調查它們的資金來源及運作，政府勞工處需要做把關工作，否則新工會越開越多，就會難以管控，日後可能會煽動搞事製造各種社會運動事件，弄致社會永無寧日。

我亦呼籲全港市民要注意，當被這些新工會招收為會員時，要查清新工會成立的目標、資金來源等等，要慎重考慮才加入這些新工會。

> **工聯會如何鼓勵會員融入大灣區發展，又可提供哪些幫助？**

香港作為大灣區重要一員，工聯會特別成立「粵港澳大灣區關注小組」，收集工會及市民意見。

國務院公布《粵港澳大灣區發展規劃綱要》後，工聯會即提出四大範疇超過二十項意見，當中包括就業保障、提高身份認同、利民便民出行，以及人流物流信息流等方面的意見。其中建議取消港人在內地工作時需辦理就業證，以及建議規定在內地工作的港人需參與住房公積金的供款，這兩項建議均獲得中央政府的採納及推行。

香港工聯會內地諮詢服務中心為內地港人提供全面服務，支援、服務港人參與大灣區發展。我們自二零零四年起，先後在廣東省的廣州、深圳、東莞、惠州和中山市，以及福建省的廈門市，成立了六間內地諮詢服務中心，中心旨在服務內地港人在工作、學習、生活、旅遊等各項需求，包括推出法律熱線及緊急支援等服務。

工聯會內地中心成立十六年來，累計接獲港人來電來訪超過十萬人次，跟進處理個案超過七萬宗，主要以房產和繼承問題求助佔首位，其次涉及長者福利、緊急援助、赴港申請、經商糾紛、遺失證件、交

通事故及護送回港等事宜。內地中心的工作獲得兩地政府及社會人士的肯定及支持，能切切實實地協助每位內地港人，我們非常開心。將來內地中心會繼續發揮這方面的優勢。

❝❝ 能否舉出三宗重大勞工事例，工聯會成功協調和為勞工人員爭取到權益？

工聯會一直以「有理有利有節」方式爭取權益，以工人利益為先。二零一九年各工會共協助逾五千名工友，涉及申索超過一億港元，現舉出三宗近年勞工事例說明：

二零一八年 Gibson 結他公司於五月申請清盤，公司原在香港聘用約一百二十名員工，當中逾四十人是以公積金計劃作退休保障，涉及金額逾四千萬港元，工會屬下「香港百貨商業僱員總會」協助跟進。

「香港百貨商業僱員總會」於二零一九年處理一宗較大勞資糾紛，為 HMV 結業事件，涉及金額約五百多萬元。二零一八年十二月底 HMV 結業，受影響人數約一百四十人，估計拖欠員工近五百多萬薪金及代通知金，該會成功協助解決此勞資糾紛。

政府人員協會醫管局支援職系員工，多年來面對待遇欠佳及架構不完整等問題，導致近年人手大量流失；工作量持續上升，工會聯同工聯會立法會議員和區議員，於去年展開一連串行動，成功爭取改善支援職系員工待遇。

❝❝ 在今次對抗疫情中，工聯會做了什麼工作？有幫助會員解決困難嗎？

工聯會團結工友，在廣大職工、地區義工、社會各界包括內地工會的支持下完成多項抗疫工作。首先，工聯會為解決工友因疫情失業

的燃眉之急，推出「緊急失業慰問金」，得社會各界捐助，在今年四月十五日起便向五千名合資格失業工友每人發放三千元緊急慰問金。

其次，工聯會成立「監察政府抗疫基金僱員權益關注組」，積極監察抗疫基金具體落實各項保障僱員的政策措施，確保所有工友，包括沒有強積金戶口的六十五歲以上人士、自僱人士（包括假自僱）、零散工、現金支薪等工友都沒有被遺漏，並以多管齊下的方法解決打工仔的就業困境。今年六月要求堵塞「保就業」漏洞，促請發放失業、停工津貼。

此外，工聯會力求把各界捐贈抗疫物資送贈工友及基層市民，又本着自力更生、「自己口罩自己做」的想法，開設口罩工場，產出口罩只作公益慈善用途，只是派送有需要的市民。

還有開展內地送藥服務，充分發揮工聯會內地服務優勢，香港特區政府委託工聯會協助需要郵寄醫生處方藥物給在廣東和福建省的港人，代為收集好相關醫生處方藥物，郵寄到港人手中，切實解決內地港人缺藥困擾。

❝ 請問您有否以港區全國人大代表身份為香港疫情做事？

我於七月初以港區全國人大代表身份去函中央有關部門，請求中央派遣國家醫療隊伍或引入內地認證的醫療機構為全港市民進行新冠肺炎檢測，有系統地追尋隱形患者源頭，在粵港澳三地落實做好「聯防聯控」的抗疫工作。同時有關醫療機構的有效證明，也可作為粵港澳「健康碼」的其中一項參考資料。有關建議得到國家有關部門的積極回應，派醫療團隊支援提升香港的檢測能力和建設「方艙醫院」，促成了特區政府推行「社區普及檢測計劃」。

66 工聯會為勞工界爭取了什麼福利？

回顧過去的一年，在整個勞工界、各行業工會的積極爭取之下，部分勞工訴求得到了特區政府的積極回應，其中包括：

一、工聯會多年來極力爭取的「兩個假期合一」，填補假期制度上的缺陷。今年年初政府已邀請勞工顧問委員會商討，將現時十二天的勞工假逐步增加至十七日，與公眾假期看齊，未來全港將有一百多萬僱員受惠。

二、工聯會亦成功爭取特區政府為低薪僱員代供強積金供款，尤其為近十六萬名月入少於七千一百元的打工仔女，代供百分之五的強積金供款，使得他們退休生活得到應有的保障。

三、延長產假。特區政府已接納由現時法定十周的有薪產假延長至十四周，並已將法案提交立法會審議。我們促請反對派議員不要再在議會肆意「拉布」，企圖阻礙社會民生、勞工權益的法案通過。

66 工聯會如何應對香港工業的轉型？

根據政府資料顯示，一九八零年本港製造業人數逾一百零三萬人，佔當年總就業人口二百三十二萬人的四成四。但自從九十年代製造業隨着經濟轉型，主要生產線已轉入內地，所以令服務業興起，在二零一六年本港製造業就業人口只有九萬五千人。所以我們設立「香港文職及專業人員總會」（文專總會），當初成立時，只有八百八十名工聯會會員。現今已發展到超過五萬名會員，又大力開展文娛康體活動，加強網頁信息，更新利用電郵短訊及社交媒體等資訊工具，加強與會員的聯繫及發放工會活動訊息。工聯會是與時並進。

66 請問您如何勉勵年輕會員？

　　我建議在香港建立兩地青年交流合作中心，擴建各地青年交流平台；我亦建議在深港科技園進行有關協助青年人創業工作。

　　我記得十多年前台灣著名學者陳映真訪港，他在中文大學發表演講，提醒港人「要反思殖民統治的影響」。香港回歸後，是照單全收從未清除殖民統治機器及其遺毒，因而影響了我們這一代年輕人的思維。陳映真確有真知灼見！希望特區政府會重視及改善此種現象。

　　（此文 2020 年 9 月發表於《亞洲週刊》第 38 期，略有修改）

66 受訪感言

凝聚愛國愛港力量，共創美好明天。

國家進入新時代，發展勢頭強勁，美好的未來正等着我們去拼搏奮鬥。香港由亂及治，司法、行政、媒體、教育等改革陸續展開，一個全新的香港正在蛻變，「一國兩制」的偉大實踐也邁進新里程。目前我們需要處理多個民生問題包括房屋、就業及貧窮。工聯會提出新時代新工運是要團結所有能團結的力量，推動政府擔起責任，主動作為，打破壟斷，維護公平公義，讓勞動者共享社會發展成果。

我非常感謝謝悅漢先生去年給予我機會去介紹工聯會的理念和工作，他的訪問內容相當全面，解答了工聯會為什麼、憑什麼凝聚人心，和為何工友要加入工聯會。

衷心祝願謝先生工作順利，更希望他的文章和報道可以產生更大社會效應，他的敬業精神、愛國愛港情懷可以影響更多媒體工作者！

吳秋北

蔣麗芸

一九五五年生於香港，工業界出身，父親是震雄集團創辦人蔣震。

加拿大康考迪亞大學文學學士、香港中文大學文學碩士、中國社科院法學博士。

一九九三年起歷任四屆全國政協委員，一九九七年曾出任香港區域市政局議員，二零零五年加入民建聯，二零一二年於九龍西直選晉身立法會議員並連任至今，曾任立法會教育事務委員會主席、立法會衛生事務委員會主席及現任立法會福利事務委員會主席等。

蔣麗芸高談「愛國者治港」方針

香港立法會議員蔣麗芸認為，特區政府管治班底必須是真心為民的愛國者，中央應協助特區政府加強培訓新一代愛國政治人才，現有公務員則需要深層次了解國家行政體制，及未來發展規劃。

一直被反對派支持者視為眼中釘的香港立法會議員蔣麗芸，原來在她的下屬及朋友眼中，卻是一位真性情、見義勇為的鬥士，當她見到無法接受之事時，必然挺身而出，例如反對派議員鄭松泰在立法會倒插國旗，她第一時間撲出喝停制止，並立即將國旗插正。

蔣麗芸承認自己的愛國情懷是受父親蔣震（知名愛國企業家）影響，父親告訴她，無

論是什麼政黨，只要能真正讓人民生活改善的就是好政黨。當她於一九八三年第一次回內地時，看到人民穿同一款衣服，當時國家經濟相當落後，其後看見國家不停飛躍發展，她覺得國家方針是好及行對了路，想讓更多港人知道國家實際情況，因此從政。

蔣麗芸不僅沒有繼承父業，擔任立法會議員後，更淡出個人事業。她認為議員必須廉潔奉公，盡量避嫌。據她的議員辦公室同事告知，蔣麗芸將議員本身所有收入，全部以不同形式回饋社會。她出錢出力，是發自內心希望透過參政而改變社會。以下是訪談內容：

❝ 據悉人大草案建議擴大立法會議席，您有何意見？

我認為可以有利立法工作，而資格審查一事，我認為是件好事，試問有哪個國家的管治班底是不愛國和經常與政府對着幹的？

我想指出，政府只有擁有自己的班底，才可集中精力做好經濟及民生事，香港在回歸後，在政治鬥爭上已浪費很多時間，令到房屋、教育、醫療及民生等發展未能滿足到香港市民。香港並非一個適合搞政治的地方，正如特首林鄭月娥曾說過，推出的每條議案都被反對派反對，甚至連財政預算案也要反對。我認為長此下去，任何一個政府都無法管治。

而中央有責任支持香港繼續繁榮穩定，中國內地連幾億人口的脫貧工作也能做到，香港只是數百萬人口的一個地方，所以中央才下定決心去完善香港的選舉制度。我深信此舉對香港的經濟及民生改善絕對是好事，香港未來會越來越好。

❝ 請問「愛國者治港」由何人訂標準？

今次「愛國者治港」，針對從政或重要位置如政策制定負責人，

國務院港澳辦、中聯辦都有提及。具體來說，任何公民都應尊重憲法
及基本法，以及「一國兩制」，這是最根本的事，治港者不能損害國
家安全利益，定要全力支持香港繁榮穩定。而憲法及基本法都有羅列
公民責任，任何人士從政或涉及管治工作，都應深入了解憲法及基本
法。

66 對「愛國者治港」有何補充？

　　「愛國者治港」是天經地義。但香港政治人才缺乏，回歸前後，
香港官員都欠缺制定政策的經驗及遠見，只懂執行原有政策。中央應
協助特區政府加強培訓新一代愛國政治人才，現有公務員則有需要深
層次了解國家行政體制，及未來發展規劃，要知道國家發展一日千里。
但不少公務員對國家情況只是一知半解，即使有到訪內地，也只是走
馬看花，未能真正了解到內地近年來的發展過程。至於多年來對國家
有根深蒂固意見的人，相信很難一下子轉變，只能循序漸進，讓他們
慢慢了解及改變。

66 為何回歸二十三年，沒有注意或重視此問題？

　　過去中央授權特區政府去做，但特區遲遲未能將基本法二十三條
立法推行，在無維護國安立法情況下，反對派於此空隙慢慢坐大勢
力，令到香港越來越亂。當中央訂立香港國安法後，社會情況漸趨穩
定。

66 您是否支持實施香港國安法？

　　所有國家都有國家安全法例，香港卻遲遲未就維護國家安全立
法，有人便利用這漏洞大肆煽動「港獨」，香港的反對派更公開勾結

外部勢力要求它們干預香港，有資深前官員更明言希望以香港為基地，顛覆內地政權，這種行為已等同叛國。在英美等國家，違反國安法最嚴重可判終身監禁甚至死刑。所以，中央政府不可能對香港情況視而不見。香港國安法實施後，整個社會大致趨向平靜，市民亦得以安居樂業，所以訂立香港國安法是正確的。

66 **部分新移民對特區政府不滿，如何看待港人愛國情懷？**

香港人多數是愛國的，但選舉情況顯示，投票建制派只佔四成，反對派是佔六成。原因是什麼？若以一百八十萬選民投票計算，建制派獲八十萬票左右，但據知內地新移民登記為選民估計有百多萬人，內地人來港卻不支持建制？這是滑稽之談。

主要問題在於很多新來港人士生活艱苦，對環境不適應，住不上公屋，一家幾口擠在小小的劏房，醫療、教育都是負擔，自然對特區政府不滿，怨氣便應驗在選舉上。另外有很多港人對國情和歷史認識不深，令部分港人對愛國觀念模糊，亦有一些人對內地的印象還停留在六七十年代，這是很多原因造成的，我們必須查找不足作出補救。

66 **您曾經擔任立法會教育事務委員會主席，現為福利事務委員會主席，請問有何心得？**

我在教育事務委員會期間，建制派認為歷史科必須列入中小學教育課程，在我主持下爭取成功。而作為福利事務委員會主席，由於剛開始接任，希望可以爭取改善長者退休護老措施。勞福局最近獲特區政府撥款二百億港元，可以在適當地方買物業營辦社福設施。我認為為何不於郊野公園邊陲建優質低密度老人院？但這與特區政府想法有距離，我覺得很失望但會繼續爭取。

66 近期很多議員都關注司法問題，請問您有何意見？

近年有不少判案的量刑在社會上引起議論，案件判刑輕對被告毫無阻嚇性外，亦予人感到量刑起點的不公。我於二零二零年四月去信立法會司法及法律事務委員會主席梁美芬議員，促請委員會要求律政司將影響社會秩序、社會安寧、公安等條例的量刑起點向本委員會作概括介紹，藉此向公眾解釋量刑起點的概況，以讓公眾加深了解理據，同時要求將此議題納入待議事項。

66 您對反對派有何看法？

議會要有不同聲音，但反對派過去是無理性地反，攬炒地反，國歌法也反，財政預算案也反，他們留在議會只有破壞性，他們不能留在議會鬧事「拉布」（Filibustering），未必不是一件好事。

66 您認為香港電台今後何去何從？

香港電台是用公帑經營，卻以新聞自由去抨擊香港特區政府，對於政府的好事不去宣傳，卻大肆抨擊錯事。對此，官員有責任，政府至今未下決心定出香港電台方向。我認為香港電台未來要有清晰方向及指引，而上級主管是責無旁貸，必須負起監督及監察作用。

66 在香港醫療制度改革方面，有何好提議？

民建聯於二零一九年五月提出以私人條例草案形式修訂《醫生註冊條例》，建議日後海外醫生獲醫管局以有限度註冊形式聘用，並工作最少五年，可免考試而獲全面註冊。有關乳癌篩查方面，我於二零一九年九月提出，特區政府有需要於施政報告中落實推行全乳癌篩查，其中一方案可參考現時大腸癌篩查計劃模式，年齡五十至七十五

歲、沒有症狀的香港市民可到已登記服務的醫生處進行篩查，每次會得到政府一定的資助。特區政府於二零二零年七月表示，將採用風險為本的方式決定本港乳癌篩查的下一步工作。

66 在社會福利方面有何建議？

我曾提出的「倡議成立嬰兒基金」無約束力議案，倡議特區政府撥出一千億元成立基金，為每名香港出生的嬰兒提供一萬元，並由基金與嬰兒父母以二比一的比例供款至嬰兒長至十八歲，以紓緩跨代貧窮問題。雖然有關議案於二零一七年六月十五日討論時遭否決，未來還會再嘗試爭取。我倡議成立嬰兒基金的因由，主要是有見於現今年輕人普遍面對着無屋住、工作無前景、缺乏向上流機會而對未來產生負面情緒，因而參考海外地方的做法，提出一個拋磚引玉方案，期望藉此集思廣益，為香港新一代帶來希望。

66 最近社會上對食環署署長劉利群升職之事反應很大，您有何看法？

整件事不能就清理連儂牆一事去判斷一個人愛不愛國。政府是一個群體，若上司要求即日清理，她可做到，若做不到，要調查這是否涉及法律問題？人手不足？指示不清？所以要了解清楚背景才能判斷是否愛國，不可武斷憑表面去判斷一個人是否愛國。但在拆國旗一事卻令人無法釋懷。現今愛國者界線模糊，應由誰人定出？若是公務員，應由公務員事務局定出準則或指引，身為公務員考慮必須從國家根本利益出發，事事要遵從特區政府決定和決策，全心全意做好本身職責。如果表面言行稱愛國，但具體行為表現是叛國，絕對不能稱為「愛國者」。

66 對於二零二一年至二零四七年間香港發展計劃，您有何建議給特
　　區政府？

　　香港應多參考內地，取人之長，補己之短。因香港不少官員在過
去因循守舊，少做少錯，甚至不做不錯。而全球在過去十年已經歷很
大變化，特區政府官員如再不作出重大改革，就容易被周邊地區淘汰。
特區政府要加快變革工作，但不應將二零四七年作為一個界限。已故
領導人鄧小平講過香港現行制度五十年不變，五十年後也不會變，所
以，不要將二零四七年作為一個界限。

66 如何加強香港新工業發展？

　　我曾提出建議應鼓勵內地國營和民營工業企業來香港設廠，特別
是針對中醫藥製造的企業，向它們推介在香港進行生產可以獲得的優
勢，協助它們在香港展開生產，及獲取市場信息及其他配套支援，和
幫它們向海外推銷產品，建立國際品牌。有關部門當時接納我作為政
協委員的提案，認為對進一步促進兩地經貿往來具有積極意義，又轉
達此提案給中央政府有關部門予以參考和研究。

66 對於年輕人的「生涯規劃」，您有何提議？

　　我曾在立法會提出議案，促請特區政府大力推動及強化「理論與
實踐」並重的職業教育；於校外層面，政府應聯合工商企業和社會上
不同機構組成「學生實習平台」，為中學生及大專學生提供不同種類
的實習機會，讓青年人有機會親身接觸不同職場的實際情況，幫助他
們盡早選擇適合自己的職業；於校內層面則增加生涯規劃導師培訓課
程的學額及支援，令導師掌握各種最新的理論、實務知識和輔導技巧，
從而協助導師引導學生按個人興趣、志向及能力作出升學和就業選

擇，以完善生涯規劃教育的政策。立法會於二零一五年十一月大比數通過「強化職業教育」的無約束力議案。

66 您是一位愛護動物的人，對此方面有何提議？

十多年前，我就提出有關立法保護動物和反對虐待動物的相關建議，希望國家盡快制定「防止殘酷對待動物法」，把禁止食用寵物列入法例。近年來內地有些城市已開始立法禁止吃狗肉，相信全國立法指日可待。

這麼多年來，我做港區全國政協委員也好，做香港立法會議員也好，對國家好，對人民好的事，只要不謀私利，一定會盡己所能，無愧於心。

（此文 2021 年 3 月發表於《亞洲週刊》第 11 期，略有修改）

66 受訪感言

　　感謝謝悅漢先生抽空訪問，讓我有機會回顧立法會的九年生涯。

　　過去幾年，反對派的角色不斷變本加厲，由「逢中必反」，繼而什麼政府政策都反，包括財政預算案，只為推倒現屆特區政府，甚至以焦土政策，企圖徹底破壞香港而令香港「獨立」。在這情況下，特區政府難有作為，立法會亦難以運作，結果香港不只停滯不前，更落後於鄰近地區。

　　幸好，中央果斷出手，推出香港國安法，繼而完善選舉制度，實施「愛國者治港」方針，香港重回正軌之路才露曙光。

　　未來，我相信立法會在愛國愛港議員主導之下，政府會勇於將更多利民政策草案交予立法會審議。完善後的選舉制度，代議士來自各行業及界別精英，相信代表性更強，希望他們能夠加強監督政府施政，積極發聲，回饋社會。

蔣麗芸

梁美芬

一九六零年在香港出生，廣東肇慶人，執業大律師，香港城市大學法律系副教授，曾任該校法律學院副院長，香港中文大學政治與行政學系學士。香港大學法律專業證書，英國曼徹斯特／都會大學英國法律專業共同試課程文憑，中國人民大學法學碩士、博士學位，中國國際經濟貿易仲裁委員會仲裁員。

梁美芬揭開香港深層次矛盾

香港立法會議員梁美芬認為香港行政、立法、司法都有深層次結構問題；涉及國安法案例應由中國籍法官審判；建制派會盡力不讓攬炒派癱瘓立法會；學校不能成為年輕人被洗腦的場所。

梁美芬愛港愛國旗幟鮮明，堅決維護國家和民族尊嚴。有深厚法學底蘊的她拔刀相助區域法院法官郭偉健，郭在審理將軍澳「連儂隧道」斬人案判刑時批評暴力示威者，同情被告是修例風波的犧牲品，指被告「有高尚情操」，郭因此被反對派口誅筆伐。她認為郭量刑時對被告表達了同情，很多法官在接納求情時都會這樣，不等於政治立場。她反而認為不少「黃絲」法官參與有關反修例聯署，更有法官匿名

接受外媒訪問時表達「反修例政見」，這些行為才是有政治立場，違反「司法中立」。

梁美芬大力支持特區政府引用《社團條例》，禁止「香港民族黨」運作，並強調該黨在政綱及公開活動上都不斷挑戰基本法及「一國兩制」大原則，這些言行都是絕不容許的。她坦言，特區政府很遲才考慮禁制該黨是不當，認為政府有責任清晰地向公眾說明，任何「港獨」與「自決」都絕不容許。而根據國際人權公約規定，為保障國家安全與公共秩序，結社與言論自由是可以受限制的。梁美芬又指，唱《願榮光歸香港》以及區議會提出重新制憲都是「越線行為」，是挑戰「一國兩制」的底線。不過，在這次訪問中，她直言建制派亦有不足之處。以下是訪談內容：

> **訂立香港國安法後，特區應否另行設立法院及執法部門？**

我認為香港應該另外設立一個特別法庭，專責處理國安審判案件。因為這是涉及香港和國家的安全機密，關係極為重大。其實香港目前都有一些專門法庭，例如家事法庭等。

香港在執行國安法時，可以分開兩步走。首先，可以參照以往警務處轄下設立一個「政治部」，參考以往做法，例如由一個副處長帶領三名總警司執行任務，要和內地國安部門緊密合作。

其次，因為香港不僅是一個國際金融中心，亦是一個全球間諜情報中心。如何進行搜集情報工作、反間諜工作，不論是經驗、人手及規模，內地國安系統遠勝香港，所以香港負責國安的執法者應與內地國安人員緊密合作和協調。

此外，涉及跨國犯罪的案件，例如一些「藏獨」和「疆獨」分子在香港進行顛覆及分裂活動，處理這些事件都直屬中央管轄，國家有

權有責。世界各國都有國家安全部門，香港作為中國的一部分，不可能有例外。頒布及實行香港國安法，在國際緊張形勢下已是刻不容緩。

66 司法機構是否仍要保留外籍法官？

根據基本法規定，終審法院首席大法官和高等法院首席大法官都必須由中國籍法官擔任，這是避免「雙重效忠」問題。因為他們是整個香港司法制度負責人，所以他們要對屬下法官表現負責。

在當初設計基本法時，都有考慮過在終審法院設立外籍法官，後來認為如果聘用外籍法官，他們都是在海外享負盛名，而且可能是某方面專家，我們可取其所長，棄其所短。對於香港這個國際城市，若涉及複雜和國際法相關的案件，這些外籍法官都是依據法律原則提出意見，所以這套規則沿用至今，我個人認為可保留。

但若涉及國安法案例，就不宜由外籍法官審判，因為當中涉及國家之間的利益衝突，亦可能涉及國家機密和情報，理應由中國籍法官審判。

66 律政司檢控工作效率不高，如何改善？

英國於二零一一年發生大騷亂，當時有數千人被捕，最終英國設立一個專門法庭處理，此法庭每日開庭二十四小時審案，每周開庭七日，所以很快便清理完所有案件，香港律政司及司法機構可以效法此方法。

66 香港司法制度有何不足之處？

回歸時，香港最大不足之處就是嚴重缺乏既熟悉中國內地法律制度、又熟悉普通法的法律人才，尤其是兩文三語人才，一般留學英國

及澳洲攻讀法律的香港學生，他們一般中文程度不足，特別是普通話表達能力不足。另外，由於他們受西方觀念影響較深，可能對國家認識不足，較少民族情懷。不論是法官或檢控官，以及執業律師，都不足以應付「一國兩制」下所需的法律界人才。所以特區政府必須加快培訓更多熟悉兩地法律制度的年輕人，以應付目前及將來所需。

此外，早前律政部門及法官都有匿名支持反修例，更有極少數公開支持反修例，這是完全不能接受，因為會影響他們的判案決定。檢控人員必須嚴守紀律，法官必須公正嚴明，市民才會信任香港司法制度，司法機構及律政司應該跟進事件，向公眾交代。

66 對於當今立法會亂象有何看法？

反對派所做的一切不僅是「拉布」阻延法案通過，他們根本是想癱瘓立法會運作。根據立法會議事規則，不論各個小組會議，主席都可以限制議員發言，不要浪費議會寶貴時間，不可能存在選內會主席花了半年時間，但卻在香港發生了。他們所做的一切動作就是要奪權，要換取反對派的「五大訴求」；但香港是法治社會，特赦參與暴亂的暴徒，這是不可能答應的，他們不可能得逞。

66 如何看待九月立法會選舉？

不管立法會選舉有何結局，我估計中央都有充分準備和估算，即使反對派真的贏取九月份選舉，中央仍有很多辦法制衡反對派，建制派必定全力以赴，以保住香港的穩定，不能讓攬炒派癱瘓立法會。

66 如何評價建制派及反對派在立法會的表現？

建制派在協調及組織能力方面是相當不錯，但在應對危機方面，

不論是在戰略及謀略都反應較慢，尤其是對青年人的文宣工作，social media 方面，有很多地方需要改善。

我所屬的經民聯，主要對象是以工商帶動經濟，專業服務民生。民建聯則是以跨界別為主。我們同屬建制派，大是大非問題都會互相支持，合作無間。

至於對家公民黨及民主黨這兩個主要反對派大黨，我對他們由「泛民」大黨演變成攬炒派大黨表示震驚。我在二零零八年加入立法會，當時立法會一樣都是分建制派及反對派，但是大家不會用攬炒的方式去議政，不會走得這麼極端，不惜癱瘓香港來換取自己的政治訴求。即使是反對派，都會有個底線，包括他們當中有些人也會對黃毓民在立法會擲蕉、講粗言穢語的情況表達不滿，公開表示不同意。又譬如大家在雷曼事件，我與反對派的議員試過一起提出權力及特權條例，針對雷曼事件作出調查，協助受雷曼事件影響的苦主，與銀行達成和解方案。

反觀今天反對派，他們似乎失去了從政最重要的元素，就是政治是需要妥協，政治是需要平衡各方利益，見好就收，不會強迫對家要答應己方的百分百訴求才肯收手。我眼見在逃犯條例撤回之後，對家一直不肯收手，不肯與暴力切割，甚至為之後發生的騷亂不停託辭。反對派有些黨魁甚至將暴力浪漫化，說坐監有光環，令到年輕人完全迷失方向，衝着「一國兩制」的底線，鼓吹「港獨」、暴力及恐怖主義。他們爭取的方式方法是以罔顧市民的生命財產、社會安寧去做，結果只會適得其反。我相信這也是其中一個原因引致中央要出手訂立香港國安法直接適用於香港。如今的反對派已經演變成為攬炒派，可以說在政治上是 IQ 零蛋，只懂得盲衝直撞，只會撞板，徒勞無功。

66 建制派如何物色人才？

建制派未來物色的新人要具有領袖特質，並要有敢言和打得（能打）的作風，在危機中能果斷決策。因為現在是大時代，他們未來將在議會上唇槍舌劍，作風若太低調，就會失去話語權。市民都是看着領袖跟着走，所以議員就要有帶領民意和創造民意的能力。

66 您對教育情況有何意見？

我對當今教育情況是失望和極不滿意的，主因是歷屆教育局局長都沒正視教改及通識科的問題，總是遇難避難。不論國民教育、通識教育，教育局及考評局都犯了嚴重錯失，學校教育成為年輕人被洗腦場所。

作為培訓教師的教育大學，不僅未來的教師要有知識，更重要的是要有品德，不能煽動仇恨，及鼓動學生參與破壞社會的行為。

66 澳門和香港在國安法方面有何不同之處？

近日不少香港人稱讚澳門。澳門人口少，國際政治的影響比香港少一些，好管些；但更重要的是：回歸後，他們人心回歸，全情投入發揮「一國兩制」的優勢，而不是糾結在政治內耗；他們早就通過基本法二十三條本地立法和國歌法本地立法，令國家放心。香港經過多年擾攘最近才通過國歌條例，而基本法二十三條本地立法仍遠遠未能實現，這便是兩地最大不同之處。也許香港應該自省如何更好平衡中央與地方關係，更好地發揮「一國兩制」。

（此文 2020 年 6 月發表於《亞洲週刊》第 25 期，略有修改）

66 受訪感言

　　去年 6 月中旬，謝悅漢先生邀約我做訪問，圍繞香港的司法制度、香港國安法、香港教育制度、立法會攬炒派拉布亂象等議題，向我提出了多個社會大眾廣泛關注的問題。

　　訪問之後，國家先後為香港制訂香港國安法和決定完善香港選舉制度，將香港的政治生態撥亂反正，香港得以由亂及治，我當時在訪問中指出香港面對的問題，也陸續見到改善的曙光，令人倍感欣慰。

　　謝先生準備充足，採訪時思想清晰、有條不紊。訪問文章於 6 月 28 日在《亞洲週刊》刊出後，亦隨即以短訊告知，文章內容客觀如實地反映了我的意見，謹此致謝。

梁美芬

葛珮帆

一九六六年出生，香港立法會議員，民建聯成員。單親家庭長大，曾在香港演藝學院專修現代舞、香港大學社會科學碩士（婚姻及家庭治療）、潛水教練、攝影師、作家、IT人。已婚，愛動物，三十多年前開始素食，先後遊歷超過六十個國家和地區。著作包括：《新世代核心能力》、《南極行》、《帆心直說》等。

葛珮帆大膽敢言關懷弱勢

香港立法會議員葛珮帆大膽敢言、作風親民，大力推動香港成為智慧城市，並長期支援罕見疾病及癌症病人、關注婦女遭受家暴及性侵犯，關懷婦女及弱勢社群的形象鮮明。

葛珮帆議員一直關注弱勢社群，積極推動設立及修訂有關法例，例如支援罕見疾病及癌症病人、關注婦女遭受家暴及性侵犯、倡議在公立醫院設立性暴力危機支援中心等。經過她多年堅持和努力，特區政府亦有接納及實施一些改善補救工作，不過她仍認為遠遠未達到她的期望。

葛珮帆出身於單親家庭，母親早年曾在美國長住照顧家人，只留下她一人在香港，最困難的時候要請求女同學收留共住。中

學畢業後，她考入演藝學院進修舞蹈，以半工讀形式維持學習和生計，最後因生活問題放棄舞蹈，投身工作謀生。她記得第一份工作是賣「機器油」，要手持不輕的機器油樣本穿插工業大廈「洗樓」，逐家逐戶找機器商賣油，其間亦受過威嚇和性騷擾，但她毫不畏懼克服各種困難，取得高營銷業務員優異成績。

　　一個機遇令葛珮帆投身科技界，成為 IT 人，並有傑出成績，且創立互聯網專業協會及智慧城市聯盟等有影響力組織，更於二零零一年獲選為「香港十大傑出青年」。由於她熱心社會公益，於二零零七年開始從政，同年加入民建聯，先由從事地區工作的區議員做起，至二零一二年獲選為立法會議員並任職至今。她大膽敢言，形象平易親民，廣為大眾接受。以下是訪談內容：

❝ 警方最近大規模拘捕攬炒派頭面人物，您有何意見？

　　警方日前大舉出動拘捕了五十三名攬炒派頭面人物，本人是大力支持警方此次執法行動，因為這是保護國家安全以及香港的整體利益。他們過往勾結外部勢力搞亂香港，利用所謂選舉方式干預香港選舉。戴耀廷策劃的「初選」，根本是實行「攬炒十步曲」，其中重點就是要搞亂香港，利用「35+」方式去操控立法會，包括聲言在立法會否決財政預算案，逼令政府運作停擺，然後接受他們所提出的「五大訴求」，從而奪取香港管治權和控制權。

　　這些人可以利用外國勢力影響香港和中央對香港的管治權，他們絕非說說而已，而是用實際行動擾亂社會安寧和法治，所以必須依法嚴懲。在法律面前人人平等，絕不能因某些人在社會上的地位和聲譽，就可以免受法律制裁和審判。這些攬炒派不能因為自己不滿社會及政治情況，去唆擺外國干預香港事務，和進行顛覆香港活動，甚至借助傳媒抹黑和

醜化警方執法行為，然後又誣衊為「政治檢控」或稱為「濫捕」。

66 您是立法會衛生事務委員會主席，曾促特區政府檢視確診新冠病例有否變種，情況如何？

我大力支持「全民強制檢測」，因為肺炎疫情發生至今已近一年，市民已出現抗疫疲勞現象，大家都目睹歐美疫情日趨嚴重，說明全球至今抗疫最成功的國家就是中國，為何不仿效內地「封城」做法，可能只需十天八天便可實施「全城全民強制檢測」計劃。如果特區政府開聲請求中央協助，相信中央一定會派醫療支援隊來港協助。只有疫情早日「清零」，經濟才有望復甦。

66 為何您對特區政府教育局及學校處理失德教師的方法不滿？

特區政府教育局因修例風波接獲二百四十七宗針對教師的投訴，但教育局接到這麼多投訴，卻一直沒有公開失德教師的名字，被取消教師資格的寥寥可數，令很多家長對此十分不滿，認為懲處欠缺阻嚇力，並擔心其子女受某些教師影響而變得思想偏激進而參與違法活動，所以學生家長要求教育局設立公開處理投訴的機制。本人認同家長們的要求十分合理。

其實英國、美國和澳洲有關當局一旦就投訴教師的個案展開調查或聆訊，便會公開有關教師的姓名、任教學校等個案詳情，為何教育局不能跟隨這種做法？醫生被投訴專業失德，醫務委員會都會公開醫生受罰的決定，這是香港大眾熟悉的處理專業失德的做法，其他的專業團體都有類似的做法。惟教師被投訴，教育局即使已完成調查，查明屬實，甚至發出警告信或譴責信後，都不公開教師或學校的名稱，做法完全不合理，令市民無法接受。如果教育局繼續不公開「違規失

德」教師的校本教材和學校資料，處理投訴只採取息事寧人手法，只會令市民對香港的教育進一步失去信心。

66 您曾提議設立司法監察委員會和量刑委員會以增加司法機關公信力，特區政府有回應嗎？

由於司法界給外界的印象是「自己人查自己人」，因此，社會各界建議成立由法律界人士如退休法官和社會人士所組成、專責處理法官投訴的司法監察委員會，而英國、加拿大、美國等海外國家亦設有量刑委員會以增加司法機關的公信力，香港司法機關不應故步自封，應與時俱進，勇於改革，要採取更符合國際標準和更規範透明的做法，以增強市民對司法制度的信心，希望政府盡早回應市民訴求。

66 您曾指美國有雙重標準，能否舉例說明？

在前年修例暴亂中，美國政府官員與媒體把「港獨」和「黑暴」行徑粉飾為「自由、民主、人權運動」，稱滋事分子是「英雄」、「鬥士」，但現在當美國國會被破壞，總統當選人拜登則立即將其定性為暴動。事件反映出美國虛偽的雙重標準，美國國會眾議院議長佩洛西曾稱香港的修例暴亂風波是「一道美麗的風景線」，當日譴責香港特區政府的多個外國政府、團體這次義正辭嚴地譴責美國示威者，各國元首和領袖均發聲責罵這些暴徒破壞民主制度，相對他們毫不留情譏諷香港處理暴亂手法，便顯出他們的虛偽和雙重標準，他們支持縱容香港的暴力行為，今日已經自食其果。

66 香港在 IT 行業有何優缺點？香港 IT 人才如何融入大灣區及香港特區政府應做些什麼工作？

我想先說香港 IT 行業的優點，香港是國際金融中心，背靠祖國，面向國際，國家亦清晰地支持香港發展成國際創新科技中心。在「一國兩制」下，香港於對接全世界科技創新體系、吸引國際創科人才、促進科技成果轉移等範疇有一定優勢。疫情過後大灣區創新科技價值更突出，香港應抓住這一契機，推動香港經濟向創新型經濟轉型，為香港青年一代提供更多就業及創業機會。

談及香港的缺點，過往特區政府一直不重視創科，我和科技界同業經過十多年努力才爭取到成立創新及科技局，近年政府大力投資創科才開始扭轉局面。此外，雖然香港上游科研做得比較好，但由於香港市場規模有限，吸引國際創投基金的投資有一定困難。此問題一直以來阻礙了香港創科發展，融入大灣區剛好可以解決香港創科發展短板，政府亦應該加大力度吸引環球精英及培育本地人才。

66 很少議員關注支援罕見疾病及癌症病人，為何您會有此想法？

現時特區政府在處理癌症及罕見病政策有結構上的問題，引入藥物機制繁複，審批時間太長，藥物費用昂貴，後期支援不足，我於二零一七年聯同建制派議員，成立罕見病癌病關注組並擔任召集人，成功督促政府和醫管局改善引入藥物機制。此外，我亦繼續爭取加快把治療罕見病及癌症的新藥物納入藥物名冊，讓病人負擔得起藥費，盡快有藥可用；促請特區政府為罕見病訂立官方定義，建立資料庫及培訓專業人才。由於他們是社會上弱勢社群，所以我較為關注。

66 婦女遭家暴或性侵犯，在法例上及事後如何協助她們？

　　身為少數的女議員，為婦女發聲及爭取權益是應有之義。現時幫助遭受家暴婦女的庇護所一般最多居住的時間為三個月，對於遭受家暴婦女來說，有一個即時避開暴力危機的居所非常重要，否則只會無奈回到施暴者身邊。我協助遭受家暴婦女爭取庇護所延長住宿期限，要求當局增加庇護所的服務名額，及優化庇護所的內部設施，特別照顧一些少數族裔婦女的需要，提供符合她們文化的設施和服務。我亦要求政府研究設立專門追討贍養費的機構，及加快追討贍養費的行政程序，以減輕單親媽媽及其子女面對的經濟困難及精神壓力。

　　此外，我過去連續約十年公布走光黑點，要求特區政府盡快制訂「窺淫」及「未經同意下拍攝裙底」罪，以填補法律空白。近日特區政府終於接納了建議，籌備因窺淫、未經同意下不論目的而拍攝私密處及相關罪行進行立法工作，我亦會繼續倡議在公立醫院增設性暴力危機支援中心，為性暴力受害人提供一站式支援，並要求特區政府擴大《性別歧視條例》適用範圍、優化防止性騷擾政策。

66 對於特首林鄭月娥及高官團隊的表現，您有何評價？

　　我已經做了八年立法會議員，即將進入第九年，談及林鄭月娥的問責團隊，我個人覺得大部分官員都一定有其才華及能力，但可惜有很多並非政治人才，一遇到反對派議員無理取鬧，或惡意抹黑，便進退失據，怕事卸責，官員缺乏政治觸覺及解決問題的手腕和魄力，政府施政便寸步難行。政府就算有良好的政策和意願，都需要有適當溝通和要做大量宣傳工作，聆聽市民意見和心聲，爭取廣大市民支持。當然，亦有部分執行政策官員有時會閉門造車，根本不知民間疾苦，有些官員更是怕事避事，不肯迎難而上，一遇到反對派抗爭反對便臨

陣退縮，毫無招架之力。所以很多官員都應學習政治及公關課程，明白「為官避事平生恥」的道理。

在訪談後，獲葛珮帆贈送五本作品，其中兩本遊記《南極行》及《東非行》，閱讀後方知她熱愛旅遊和大自然，另一本《帆心直說》提及想推動香港成為「智慧城市」和創立「科技局」（現名為「創科局」）的意願，在結尾語「香港是我生長、成長、生活的地方，對香港，我有許多期盼和很多夢想，很希望可以和大家一起為香港努力」，完全表達出她的個人心聲和心願。由一位熱愛舞蹈的年輕人，經過多年學習和奮鬥向上，於二零零二年獲選為「十大成功女性」，現今成為一位社會知名立法會議員，她以身作則向當今新一代年輕人展示，香港是一個充滿朝氣和機會的城市，只要肯捱肯拚和爭取把握機會，最後「夢想便可以成真」。

（此文 2021 年 1 月發表於《亞洲週刊》第 4 期，略有修改）

66 受訪感言

推動香港創科發展、環保、保護瀕危動物及婦女政策,為民請命,是我參選從政的初心,希望為香港帶來正面的改變。我深信善念、善言、善行能帶出正能量,從政者應以「為天地立心,為生民立命,為萬世開太平」為使命。

感謝謝悅漢先生今年1月的訪談,執筆時已距數月,在國安法的震懾下,香港市面大致回復平靜,我一直推動的政策亦已有了進展,如窺淫罪已經進入法案審議程序、司法機關亦提出了改革投訴機制的建議,而公職人員宣誓安排的法例已經通過,完善選舉制度的立法工作亦將近完成,香港正逐步重回正軌。

但新冠疫情未過,人心未穩,土地房屋、青年、貧窮、醫療、安老等社會問題仍有待解決,重振經濟亦刻不容緩……香港正經歷前所未見的大變局,香港的未來需每一位市民的努力,願與大家攜手奮力為香港創造更美好的明天。

葛珮帆

關 品 方

一九五一年出生。香港大學社會科學學士、日本一橋大學商學碩士、澳洲西悉尼大學工商管理學博士。澳洲註冊執業會計師、香港特區政府公共事務論壇成員、清華大學長三角經濟發展研究所學術顧問、北京師範大學／香港浸會大學聯合國際學院教授兼港澳事務總監、香港浸會大學客席教授、香港大學工學院名譽教授。曾出任香港特區政府中央政策組顧問。

關品方認為香港需要二次回歸

香港於一九九七年回歸祖國，中國政府恢復對香港行使主權。但治權尚未完全回歸，中央要全面落實管治權，一是國家安全，二是終審法庭。此外，還有文化回歸和民心回歸。

關品方曾在董建華及梁振英當香港特首時出任中央政策組顧問，不僅熟悉香港事務及問題，亦對中國及國際形勢有明智看法及分析。

畢業於香港大學的關品方除精通中英文外，更熟諳日文，因為他是日本一橋大學商學碩士，後更留學澳洲念博士。他也和多位學界精英組成不同智庫，經常執筆為文對香港政經情勢發表真知灼見，深受政經各界高層人士重視。以下是訪談內容：

何謂「二次回歸」和「四個層次的回歸」？

香港於一九九七年回歸祖國，是「主權回歸」。二十三年實踐證明，治權尚未完全回歸，要重新再出發。從政權的層面看來，所謂「二次回歸」，是恢復全面管轄權的「治權回歸」。香港作為「一國」之下的一個由中央直接管治的行政區，全面治權是應有之義，是「兩制」可以正確落實運行的依據。過去被反對勢力混淆視聽，把「一國」和「兩制」對立起來，把內地制度和本港制度對立起來，是蓄意的誤導，用以對抗和制衡內地，目的仍然是英國當年「以主權換治權」的算計。

去年黑暴動亂以來，治權並未全面收回的事實已一清二楚，美英利用所謂治權剩餘空間，去擾亂破壞香港秩序。中央要全面落實管治權，範圍有兩方面，一是國家安全，二是終審法庭。執行範圍亦分兩方面，一是中央與特區政府之間經常性的上下級的常設溝通機制，二是各級法院的法官團隊中央要有有效的評核、任免及升貶機制；判案的量刑參考要兼顧成文法和普通法以便擇優運用。這四個方面，假以時日基本完成，才算是正式恢復行使對香港的全面管治權。這是「二次回歸」的真諦和核心內容。

回歸有四個層次，除了上述主權和治權外，還有文化回歸和民心回歸。這是軟的一手，牽涉到政治、經濟、民生、教育和傳媒五大範疇，還須細緻的構思和計劃，關鍵在領導和執行力。有兩大法寶，一是大灣區融合，二是走群眾路線。

中國科技業會否被美國壓制打垮？

從三年前開始，（時任）美國總統特朗普發起對中國的科技戰，中興、華為、中芯等科技企業首當其衝。中興措手不及，交互額罰款。美國食髓知味，繼而對華為圍堵不休，同年十二月，加拿大應美國司

法互助的要求，在溫哥華機場逮捕（華為副董事長）孟晚舟。

　　表面上，高能晶片這一環，中國企業是被美國準確地揪住要害。但事實並非如此。在轉化研究領域，工業產品分為軍用（國家級別）、民用（商用級別）及軍民兩用三個層次。其中，北斗衛星導航系統、超級計算機、殲二十等戰機、飛機發動機、載人航宇火箭長征系列、登陸月球嫦娥四號，以上所需的各類晶片，從技術到製造，完全國產化，而且領先全球。

　　以上這些軍用產品的系統，遠比微軟、谷歌、甲骨文等的系統複雜，而對晶片及其背後支撐的超級電腦的運算要求，更高出多倍，無可比擬。這些最高級別的技術和軍工產品，在美國禁運清單內，一直不肯賣給中國。正因如此，中國走的是自力更生之路。在這些要求最嚴謹的晶片系統領域，在特定細分領域已拋離歐美。所以，中國科技產業是絕不會因美國打壓封鎖而被打垮。

66 中國晶片領域能否不再受制於人？

　　中國國家級的軍用晶片領域發展得不錯，但每年仍需進口大量晶片，是因為這些進口晶片屬於民用／商用級。民用／商用晶片的生產需要商業化考慮，因此要同時顧及性能和成本。智慧手機的晶片，需要體積小、功耗小而且性價比較高的晶片。軍用（國家級）晶片只需考慮性能，不特別注重成本。

　　中長期而言，一旦中國自己能造出七納米（奈米）甚至更微細的晶片，先行拿下本土的內循環市場，取得足夠的利潤支撐，形成規模效應之後，中國及其他發展中國家的市場需求，將會因為考慮產品的成本效益，主動或被動地購買中國晶片。

　　中國北斗衛星、超級計算機、殲二十、飛機發動機、載人航空火

箭、嫦娥四號等國家級戰略產品的晶片工藝,都或已超越美國,達到世界級一流的水準。這些產品對性能的要求極高,對成本的要求不太敏感。長遠而言,中國對商用晶片的開發和生產,假以時日,必能趕超,無須過度焦慮。

66 中國 5G 發展前景如何?

中國的通訊產業將與華為的發展史雷同,跟隨傳統的雁行經濟發展理論,複合前進,拾級而上,從 2G 空白、3G 落後、4G 持平,到 5G 大幅領先,遵照類似的發展規律。目前中國已是世界最大的消費市場,工業總產值是美德日三國的總和,市場規模和體量就在那裏,中國的潛力及發展前景,不言而喻。

66 美國來勢洶洶要全面封殺中國,可行嗎?

二零二零年,全球受新冠疫情的突然衝擊,中國在軍事、科技、金融、文化等各領域的實力,厚積薄發,與全球唯一超強的美國迅速拉近差距,歷史上中美綜合實力,目前最為接近。中國現正努力抵抗美國在意識形態領域的宣傳,以至貨幣及金融領域的攻勢,力圖避免重蹈英國、德國、前蘇聯及日本先後被美國帝國霸權拿下的覆轍。

66 香港應如何進行司法改革?

香港的司法實質上是「獨立王國」,以另一形式體現着治外法權,只不過是披上了新的外衣,以實行普通法及聘用採用普通法判案的各級法官隊伍互相配合,二百名大小法官巧妙地在香港推行新型的治外法權;加上終審法院設在香港,香港的司法獨立就完美地排除了中央在香港的最終司法管轄權,導致香港今日司法成為「獨立王國」的局

面，幾乎可以說是「法官治港」。

在行政主導整個特區政府運作的同時，讓司法獨立處理其分內之事，同時接受民眾輿情的監察，是應有之義。涉及國家安全的案件，特首有權指定法官審理，正是體現行政主導的精髓。

法官向代表特別行政區的特首宣誓時，是效忠中華人民共和國香港特別行政區，不是效忠於司法界「馬房」的大佬們。我們只是反對某些「泛黃」法官判案偏頗，不是對司法制度總體而言不再信任。特首不可再蹉跎延誤而無所作為，必須及時有對策，從根本上作出改革。

66 如何看香港前景？

過去二十三年在蹉跎歲月，令香港營商環境變差。香港本可優而為之的，例如離岸人民幣金融中心、「一帶一路」籌融資服務中心、大灣區綜合高端服務中心，都和我們擦身而過。港人要肯定自我的發展大方向，認識和認同內地的總體規劃，明白自身的角色，在開放貿易、金融服務和創新科技等方面綜合平衡發展，重點是國際金融和商業服務。香港應重新開放起來，面向祖國內地和全球。

66 港人應達成何種共識？

我們一定要解答好這個最關鍵的問題——香港往何處去？港人需要有共識。要想清楚，市民對中央政府和特區政府的期望究竟是什麼？

中國崛起是不可逆轉的趨勢，我們應做好自己，限制資本，調控市場，切實改變不患寡而患不均的貧富懸殊情況，為內地提供一個側面的參考和示範。

香港要解決文化回歸和人心回歸的問題，就要聚焦在文明復興和

文化崛起，要有國情體驗和歷史學習，強調人類命運共同體的概念；
「一國」之下，「兩制」共建並存，互動同贏。港人應該以做中國人
為榮，以正面的態度和積極的取向接受時代的挑戰，與內地一起承擔
起民族偉大復興的歷史責任，不可落伍甚至掉隊缺席。

（此文 2020 年 10 月發表於《亞洲週刊》第 40 期，略有修改）

66 受訪感言

　　我的朋友謝悅漢先生，又號養志軒居士，多年來筆耕不輟。他憂國憂民，對於國家大事和特區事務，屢有真知灼見。他訪問城中名人，受訪者直抒胸臆，褒貶時事。在他的筆下，重若千斤，畫龍點睛，精彩畢呈。

　　本人自從 2019 年初香港開始出現社會動盪以來，對時局深感擔憂。從那時候開始，一直關注事態發展。估計到明年七月，是香港五十年不變上下半場之間的過渡期，是香港從過去走到現在，從現在走向未來的重大轉折。本人既和謝兄意氣相投，於周遭的人與事，談論起來往往產生共鳴。本人受謝兄的感染，決定對這三年過渡期香港發生的政經大事，從國際大氣候及中美之間大國博弈的角度，寫下個人的觀察，體會和分析，認為這些及時的評論可留下雪泥鴻爪。

　　最近寫了幾句古體詩，聊以表達目前的心情，如下：

七十年來一夢過，

等閒間卻好山河。

少年意氣江湖老，

今日豪情剩幾多？

縱有赤兔渡關河，

已無餘勇舞婆娑。

辣手文章憑誰看？

壯志難酬剩狂歌。

關 品 方

高志森

一九五八年生於香港，祖籍廣東中山。中學畢業後加入麗的電視當編劇，之後轉往無綫電視擔任助理編導。一九七九年開始編寫電影劇本，一九八四年正式執導影片。編劇、並執導多部賣座喜劇，包括《家有囍事》、《花田囍事》、《開心鬼》系列、《富貴逼人》系列、《合家歡》、《雞同鴨講》等。九十年代中成立「春天舞台」，轉攻舞台劇，著名作品包括《南海十三郎》和《我和春天有個約會》等。

高志森形容人生如舞台

香港導演高志森認為，愛國愛港陣營在宣傳上應考慮感官效應，短小精悍，吸引眼球。他又批評香港電台內很多「反中亂港」力量，已無存在價值。

如果說人生如舞台，高志森的確與話劇及舞台結下不解緣，一個清貧家庭長大、只有中學畢業程度的孩子，卻能夠在演藝界赤手空拳打響名堂，獲獎無數，又是獅子山下另一個成功勵志故事。

高志森曾任導演、監製、策劃、編劇、剪輯，又做過出品人、演員及節目主持人，是屬於跨媒體人；他的作品包括電影、電視劇、演唱會和舞台劇、電視節目和大型綜藝晚會等，他還是「春天舞台」劇團創辦人，個人獲獎

無數。

　　高志森由麗的電視編劇出身，後來一個機會到來，他轉身做電影行業，並在新藝城電影公司獲提升為導演，幫新藝城創辦人之一黃百鳴於一九八四年拍《開心鬼》取得近二千萬港元票房，以低成本製作而創高票房紀錄。另外，他製作《富貴逼人》系列影片，及於一九九二年執導《家有囍事》，創下四千九百萬港元的歷史性票房紀錄，是他電影生涯的高峰。

　　他由新藝城創出電影事業的天地，至今仍感恩新藝城創辦人麥嘉和黃百鳴給予機會。其後他和富商潘迪生合作，主要是他得到全權主導權，由電影主題、編劇和拍製過程，潘迪生讓他自由發揮，絕不過問，令他有極大創意和工作滿足感。近年他由電影業轉戰舞台劇事業，一樣有輝煌成果。

　　另一方面，他經常發表對時局的感受，被外界視為愛港愛國人士。對於藍黃營的文宣工作，他又有何評價？在這次訪問中，他說出成功背後有很多付出，他在事業晚期又有什麼心願？

66 先說藍黃營的文宣工作，他有何看法和提議？

　　他說自己本身是一位專業的影視工作人員，只能夠根據自身的工作經驗提供意見，他認為針對香港情況，在輿論宣傳工作方面，愛國愛港陣營首先應考慮訴諸感官效應，其次要有煽情效果，第三要短小精悍。通常藍營的文宣作品較多偏重「講道理」，道理是正確的，但表達方法相對沉悶，很多還比較死板。

　　例如對於最近推出的香港國安法，文宣說道理是必需，但表達方面可以多樣化，除了短片、諷刺片，還可以用動畫或圖片故事；最重要是必須吸引到眼球注意（eye catching）。

他認為黃營（反對派陣營）方面文宣工作做得相對較有效果，尤其是在煽情方面，較為有「官能刺激」，而且黃營較肯「下重本」。

他相信黃營內有個心戰室，有統籌協調指揮和分配工作，有統一主題和統一口號，並分配各人不同的任務，例如擬定廣告句、製造假新聞、抹黑造謠等等，看得出他們是非常有系統去發動輿論宣傳攻勢。

他覺得藍營方面的宣傳工作，給人的印象是各自為政，缺乏統籌協調；藍營有些人比較專業，亦有些只是業餘水平，作品感人不深，亦欠缺統一指揮。高志森希望兩位前特首牽頭的「香港再出發大聯盟」會有專業高手統籌策劃，期待情況得以改善。

香港電台浪費公帑

對於最近引起討論的香港電台存廢問題，高志森認為，香港電台的歷史任務已經完成，它可以發揮到的，民間很多傳媒機構都可以做到，市民見不到它協助政府施政，覺得香港電台浪費公帑，效益非常低。香港電台太多政治偏頗，有很多反中亂港分子在裏面搞很多動作，這是路人皆見，不容否認的事實。所以他覺得香港電台已沒有存在價值。

❝❝ 他如何看待兩岸三地（中國內地、台灣、香港）的演藝事業？

他說，演藝事業一般可以用三個尺度衡量，包括文化、藝術及娛樂。香港的作品較偏重娛樂性，重視商業效益。因為審查制度較為寬鬆，香港較適宜作為內容和表達形式的「實驗基地」，可以發揮廣闊的想像力和創造力，最重要作品內容合法，例如不含誹謗或煽動刑事罪行，在無人投訴情況下，毋須經過審查就可以自由演出。

內地方面則相對較重視藝術和文化的內涵意義，較注重意識形態

和思考性，對演出內容雖有審查，但藝術氛圍較香港好，長三角及西部各省都有大量發揮當地文化的佳作，不論北方和南方的舞台劇表達手法都花樣繁多，百花齊放。

台灣方面，他感覺有排外性。例如他曾提議將鄧麗君和鳳飛飛的音樂劇拿到台灣去做，因為這兩個戲在香港和新加坡演出都反應熱烈，但台灣的演出商說：「這兩個人物（的音樂劇）是你們香港人應該做的嗎？」這個反應令他感到莫名其妙。

談及過往數十年演藝事業，他承認自己製作的影片是通俗劇，但卻反映市民的真實生活和遭遇以及他們的心境，亦因此打下了他的知名度，以及積聚經驗與人脈進軍舞台和話劇界。

在他負責和參與拍攝、製作及導演的八十部電影中，筆者印象最深刻的是《虎度門》（榮獲香港電影金像獎六項提名，包括最佳電影），是由香港嘉禾公司於一九九六年出品的電影，由高志森監製，蕭芳芳、袁詠儀領銜主演。

「一個優秀的伶人，一出虎度門，便要忘記本我，投入角色，交自己的心。」電影開頭，字幕簡潔有力解釋「虎度門」；蕭芳芳演活了昔日紅透半邊天的伶人冷劍心的心境、功架。這位粵劇名伶冷劍心事業上名成利就，但生活上卻並非盡如人意，亦是反映出現實社會上好多人的際遇和感受，深深打動入場的觀眾。

高志森尚有多部令觀眾難忘的電影，如他監製的《白髮魔女傳》、導演的《開心鬼》系列、《雞同鴨講》、《花田囍事》、《我和春天有個約會》、《南海十三郎》等。二零一八年，高志森更憑《拾芳》，分別在洛杉磯「第十四屆中美電影節」及「溫哥華華語電影節」獲頒發「年度最佳導演」殊榮，藉此亦說明他的電影成就。

高志森曾監製及主持以文化藝術為主題的一小時電視節目《高志

森微博》共一百五十六集，橫跨四個年度播出。

自一九九五年開始，高志森一直擔任「春天舞台」製作人，製作的舞台劇包括《我和春天有個約會》、《南海十三郎》，其中一九九九年的製作《劍雪浮生》連續公演一百場，創造香港舞台劇演出場數及上座率新的紀錄。

66 粵語話劇內地也受歡迎

在訪問期間，他表示最高興見到《南海十三郎》在內地各地巡迴演出，深受歡迎。這套粵語話劇為何在內地會獲得熱捧？他解釋說演出話劇時旁邊有字幕說明，內地觀眾喜歡原汁原味。

我問高志森何時會有退休計劃？他說今年六十一歲，希望於七十五歲時，好像他的偶像如希治閣（希區考克）、黑澤明、大衛連治，仍能拍出電影佳作。

問及他有否培養接班人，他說多年來稱得上「徒弟」的，電影界有谷德昭和馬偉豪，舞台劇有《金鎖記》的女主角焦媛。而他目前仍有很多話劇節目、電影導演合約在手，待疫情過後再重新出發。

雖然高志森多年來獲獎及獲頒各種名譽學位，但他亦承認有挫敗的經歷。上世紀九十年代初，由於他在電影界薄有名氣，所以有來自新加坡和台灣等地的片商找他拍片，一時間身兼導演、監製、發行、宣傳等角色，未能好好兼顧創作，亦要應付巨大工作壓力，有些拍製出來的電影票房成績差強人意。高志森吸取教訓，自此之後不熟的題材不拍，不是自己風格的不拍，對要講的電影故事，自己先要「有心有火」！

對於一些有志投身演藝事業的年輕人，他的忠告就是：在入行初期要肯捱和不怕吃虧，爭取機會從多角度學習不同製作環節。回憶起

他二十一歲至二十四歲在新藝城工作時，由副導演、場記、剪接和宣傳片製作等工作都做過，別人去酒吧聊天尋樂時，他不是在剪接室就是跟隨麥嘉和徐克等學藝，沒有額外的薪酬，換來的是日後工作的自信心，即使任務再艱巨，也絕不怯場。

現今他最珍惜的，只要身在香港，每周最高興的事便是和兩位妹妹陪伴母親一起飯局，共聚天倫，將外界一切美譽和抨擊放下，回復真我，度過開心時刻。

高志森的經歷說明學歷並非代表一切，希望今日年輕人閱讀到這篇文章，知道人生路途是崎嶇曲折難行，只要奮力前進把握機會，抱有上進心和決心並盡力而為，皇天不負有心人，最終會撥開雲霧見青天，「和成功及光明前途有個約會」。

（此文 2020 年 6 月發表於《亞洲週刊》第 23 期，略有修改）

66 受訪感言

　　常常拜讀謝悅漢先生的論政文章，他不偏不倚，非常敢言；謝先生為《亞洲週刊》撰文，而本人亦有幸接受他的訪問。

　　印象難忘的是，整個訪問過程帶給我非一般的感受，從提議對談的問題到內容細節，以至訪問結束後謝先生仍主動和我溝通跟進修正，可見，謝悅漢先生是一個待事認真負責，處事一絲不苟的人，這一點讓我感動。

　　謝先生已是退休人士，本應可以遊山玩水，但他仍然關心社會事，堅持為香港社會發聲，這一點我以他為鑒，學習並勉勵自己要有對社會負責任的態度。

　　謝先生以後繼續多發聲、多寫作，仗義執筆為社會發揮正能量，必定是香港社會之福。

高志森

第六章

作者觀點

作者觀點

謝悅漢，香港人，政治大學新聞系畢業，資深媒體人，曾任職《華僑日報》、《東方日報》、麗的電視、新加坡《聯合早報》，新聞界工作三年後，轉投商界發展，並曾任太古有限公司和會德豐集團駐廣州代表。退休後因有興趣寫作，經常在各媒體發表言論。現今多在內地《今日頭條》網站和香港《亞洲週刊》及《堅料網》發表文章、時事短評，他的言論和觀點甚受市民關注。

有關港珠澳大橋和大灣區

港珠澳大橋這座橫跨在伶仃洋上的宏偉橋樑令天塹變通途，配合了極具戰略意義「大灣區」的未來發展，與中國的海上長城相媲美。

耗資逾千億建成的港珠澳大橋於二零一八年十月二十四日正式通車，這座嶄新宏偉壯觀的大橋開通，不僅是港珠澳三地的一件盛事，亦令香港早日融入大灣區「一小時生活圈」的夢想成真，硬件已妥備，但軟件是否配合得到？

港珠澳大橋設計壽命長達一百二十年，國家亦因此項工程取得多項世界專利，對國家及全球橋樑工程土木工程將有很大的貢獻，這條全長五十五公里的超大型跨海大橋技術難度極高，全由中國技術

工程人員歷盡艱辛建成，是由橋—島—隧道集群的工程，確實是值得中國人自豪和驕傲的偉大工程。

回想當初大橋於二零零九年動工興建時，香港一名東涌居民朱婆婆申請法援司法覆核，導致香港段工程延誤，工程造價激增，事後朱婆婆說她是「被人擺上枱」，而且後悔終生。不管反對派議員百般阻撓，市民今日仍樂見大橋建成。最近十號風球「山竹」吹襲香港，亦有反對派期望這座「豆腐渣」大橋會倒下，但在慶祝通橋之日，卻有七名反對派議員享用特權在橋上擺出各種勝利歡迎手勢，真是情何以堪！

我們可以用「同心橋」、「喜鵲橋」、「希望橋」、「商機橋」貼切形容這座世紀大橋；很不幸，一向反中亂港的《蘋果日報》卻稱之為「奈何橋」，只有喪心病狂的人才會用這種充滿惡毒詛咒語句。

香港行政會議成員葉劉淑儀親自觀看過大橋，她說：「這座大橋可促進香港融合國家發展大局，令大灣區形成戰略地區，甚至有助突破美國的圍堵和打壓。」立法會議員、財務委員會主席陳健波則說：「短期而言，交通配套以及各種措施可能未必即時跟得上，但長遠而言，絕對是對香港及國家是一件好事。」

的確如此，從以下一宗例子看到，香港仍需時間與中國內地磨合：據了解，香港運輸署發放的「國際駕駛執照」不獲內地交通部門認可，港人持這種「國際駕駛執照」可以在美加澳紐日本及歐洲等地駕車，絕無問題，卻是無緣及無權以此種執照在內地駕車。

據知香港年逾七十歲的長者如果以前曾擁有內地駕駛執照，但如忘記在指定期限內續領執照，則視為註銷駕駛執照，亦不再獲准考牌和補領新駕駛執照，即使該長者日常都可以在香港開車，或獲醫生發給健康證明書，內地車管所亦不會接受認可其駕駛資格。

國家主席習近平曾說過，中國改革開放永不停步，要打造高水平對外開放門戶，強調「惟改革者進，惟創新者強，惟改革創新者勝」。如上述所提事例根本不適應當今世界潮流，是否應予改革？

香港立法會議員何君堯曾親身體會行車經過此大橋，他說，第一，此大橋建造時注重質量和安全，行車非常平穩順暢，由珠海市至中環立法會連過關時間僅需五十五分鐘；第二，有助擴大市民生活圈，年輕人不妨考慮選擇居住在珠海，不論是樓價及房租均遠較香港便宜，而且二十四小時通關，方便快捷，與離島或新界區市民花在交通的時間相差無幾；第三，他建議港珠澳三地政府可放寬汽車流量，否則大橋難有經濟效益，他又指澳門對駛入該區車輛設不合理規限，要求駕駛人於十二小時前在網上通知及確定汽車駛入的申請，實在太麻煩，完全不顧及駕駛人的難處和感受。凡此種種事例說明，三地政府仍需緊密合作溝通解決許多細節和執行上問題。

香港特首林鄭月娥提出「明日大嶼願景」計劃，立即遭受反對派及「黃媒」排山倒海攻擊。試問山不能移海不能填，如何有足夠土地建樓滿足市民迫切居住需求？現今港珠澳大橋開通，如果連繫三地的交通配套完善和方便，確實可令港人多一個居住地方選擇。

當然，反對派和反華勢力又會跳出來說，「香港將會越來越內地化」，又會搬出內地過往的負面新聞恐嚇港人，如食物安全、毒奶粉事件、頻頻發生城管和醫療事故等，他們是唯恐天下不亂。

中國領導人曾說過，小小的事故乘以十三億人口便是一個巨大嚴重問題，大大的成就除以十三億人口便是一個微不足道成就。如果具有偏見立場的反對派將內地負面新聞用顯微鏡觀看無限放大，將國家全力反腐敗和推行各種改革努力無限縮小，這不僅無助促進三地人員往來，更是自設障礙攔阻人們之間溝通交流。

　　「改革開放總設計師」鄧小平一九九三年登上跨越黃浦江的楊浦大橋時，曾感慨「喜看今日路，勝讀百年書」。如今，港珠澳橋這座橫跨在伶仃洋上的宏偉橋樑今天塹變通途，配合了極具戰略意義「大灣區」的未來發展，與中國的海上長城相媲美。

　　如何令港珠澳三地市民融合相處，這涉及三地生活方式及習慣不一，市民素質及道德觀和價值觀有差異，心理上鴻溝遠大於實質地理上距離，這是絕不可能短時間令三地市民水乳相融一步到位，是需要三地政府共同努力和假以時日磨合才能達到的理想境界。

（此文 2018 年 11 月 11 日發表於《亞洲週刊》，略有修改）

謝 悅 漢

作者觀點

附上兩篇過往曾在《亞洲週刊》刊登文章，我覺得文章內容至今仍有參考價值，所以一起編印在本書內。

香港的話語權之爭

違法「佔中」行動背後是反對中央及特區政府的勢力，香港政治生態兩極化，面對話語權之爭。

「佔中」行動初階段已告落幕，但「學聯」及「學民思潮」代表均表示，將來行動改以「公民抗命」形式繼續進行，「泛民」則表示將在議會上以不合作態度對抗。所以，香港未來的走勢實在難以預料。

這場行動不僅是「佔中」和反「佔中」之爭、世代之爭、意識形態之爭，也涉及話語權之爭，所以如果認為「佔中」街頭抗爭告一段落，事件便已結束，實在太過天真樂觀。而部分行政會議成員認為，這次「佔中」主因是香港的青年享

受不到經濟的成果，向上流動的途徑受到堵塞，形成對社會的不滿演變成抗爭行為。這種將問題簡單化的想法是非常危險的。

　　展望今後，情況料將更為混亂難測。因為這場行動是內部矛盾為主，外部矛盾（敵我矛盾）為副。經此一役，「泛民」及「佔中」行動各派力量如何整合，是關鍵因素；其次是他們從中會策劃出何種新的「抗爭」路線和策略是未知之數；而特區政府對局勢轉變將採取何種部署亦難估計。中央政府如何應對香港的未來發展，我們也是不得而知。所以綜觀全局演變的因素實在太多。

　　這場「顏色革命」或「雨傘革命」是一場大規模且持久的民眾被煽動行動，將反對中央及特區政府的勢力集結在一起，從此香港的政治生態也被徹底改變。形勢變成兩極化，「佔中」是屬於「離心」，最終目標是要「香港獨立」；而反「佔中」是屬於「向心」，支持者認為沒有「一國」如何談「兩制」。

　　香港大學學生會刊物《學苑》主張「香港民族，命運自決」。他們認為鼓吹「本土意識」是港人「抗爭」的唯一出路，「城邦獨立」抬頭是他們的終極目標。無可否認，有些偏激的年輕人只認自己是香港人，而非中國的香港人，並以自己本身的理念高於一切，甚至有人認為「兩制」凌駕「一國」之上。這無疑是鼓吹「港獨」，中央政府是絕不能接受。試想他們這些人如果在海外發生事故，又可以去哪一國家領事館求助呢？

　　講及世代之爭，「學民思潮」黃之鋒曾說，他們這一代將主宰上一代的命運。「學聯」和「學民思潮」口口聲聲說是代表年輕和新一代，甚至說代表了全港市民。實際上，他們無視反「佔中」派獲得一百八十多萬市民的簽名支持。

　　由於中國歷史並非是中小學生的必修課，試想香港有多少學生知

道鴉片戰爭為何發生？《南京條約》和香港有什麼關係？著名歷史學家錢穆（中文大學新亞書院創辦人）說過，忘記歷史的民族是沒有希望的民族，忽視歷史的社會是沒有前途的社會。何謂喪權辱國，對香港的憤青和廢青，甚至對一些激進的教師而言，是全無感覺，可以將這種現象歸咎特區政府教育政策的失誤。

很多「泛民」議員否認這次「佔中」運動有外國勢力在內，表示只是市民對特區政府政改方案的不滿。我曾撰文認為香港將會是中美、中日必爭之地，這些國家和力量（包括外來勢力如「台獨」、「藏獨」、「疆獨」、法輪功等）都知道難以在中國內地有何作為，但香港是個彈丸之地，又是言論自由和出入自由的城市，最好下手的地方就是香港。孫子兵法有云：不戰而屈人之兵是上策。在香港只需四兩撥千斤，一點點動作就可以極大耗費特區政府的警力和資源，更借此打擊中國的威信，這也配合美國重返亞太區的策略，真是一舉數得。

如果香港有識之士和傳媒對「佔中三丑」、「泛民」議員和「雙學」代表的歪理不加斥責；對激進者在街道上呼叫「驅蝗」、「鳩嗚」等不文雅和有敵意的口號予以縱容；對反中立場的傳媒日夜渲染、鼓吹、煽動、逢中必反、妖魔化中國報道視若無睹，「泛民」議員收黑錢卻無人過問，那香港會變成怎樣？警員辛勤工作維持社會治安，卻遭部分傳媒任意抹黑，稱他們是「黑警」、「魔警」。警員有監警會監察他們有否過分使用武力對付滋事者，但香港卻缺乏一個有權威性的媒體監督組織，觀察媒體有否造謠、捏造新聞和顛倒是非黑白。社會大眾無視上述情況對社會的破壞性，就會如黑人領袖馬丁‧路德‧金說：歷史將會記下，最大的悲劇不是壞人的囂張，而是好人的過度沉默。

無論「泛民」議員、激進分子怎樣叫囂，他們不能忽視中國已是全球第二大經濟體，在航天科技等各個領域有矚目成就。他們把中國

建設和經濟光輝成果無限縮小，將自己的理念和狹隘本土主義意識無限放大，「佔中」挑起對立和激烈鬥爭，只會令香港社會永無寧日。但可以肯定的是，強大的中央政府決不會向香港極端反對勢力讓步。

　　香港目前雖非百病纏身，但病情也不能低估，不能藥石亂投。無可否認，社會已被嚴重撕裂，「佔中」帶來的社會敵視和仇恨，心靈上的嚴重創傷並非短時間內可以治癒和撫平。但香港這個幸福家園是否就要如此毀掉和沉淪下去，大家是否有責趁此機會冷靜反思？如果這些年輕激進學生代表聲言明日的世界是他們的，他們更應細思和探索一條出路，而不是執意走上一條不歸路。

（此文 2014 年 12 月 28 日發表於《亞洲週刊》，略有修改）

謝悅漢

後記

作者感言

　　這本書的主角是接受訪問的二十位社會名人，他們都是業界翹楚和領袖，為香港市民熟悉的新聞人物。在二十個訪問中，受訪者都可以暢所欲言，對各項市民關切議題，發表個人看法和建議，話題由國安法談到教育、住房、醫療、以及各項民生問題，事後他們又各自寫出受訪感言，流露出他們對香港的真情關愛。

　　由於二十位名人對不同事物都有其獨到見解和分析，看完此書後，相信有助讀者了解許多香港深層次矛盾由來，和各種擬議解決辦法，可能亦會對這個可愛家園加深認識，愛護和信心。

　　我的第一本著作《水泥森林中

的吶喊》（天地圖書出版），第二本著作《不平則鳴》（冷眼看風雲變幻），和第三本著作《香港仍有善心人》（大公報出版社），三本書的書名和內容均表達我個人對香港的深情和看法，但這本書不同之處，我只是一位訪問者和歷史見證者，書中內容忠實反映被訪者的真知灼見，高瞻遠矚的見解，他們指出香港今後應何去何從，相信有助讀者拓闊自己的思路和視野，及明白香港未來的定位和去向。

香港是一個中西兼容的國際大都會，是亞洲金融中心，是中國實行「一國兩制」的特區，如果大家都愛護珍惜這個可愛的家園，這個「東方之珠」仍會是中西文化匯聚處，在大灣區及「一帶一路」會作出重要貢獻，這顆明珠仍會繼續發出萬丈光芒。

書　名：《心繫香港事——與二十位名人對話》

作　者：謝悅漢

書名題字：姜在忠
編　審：羅　政

責任編輯：嚴中則　劉慧華
裝幀設計：陳汗誠

出　版：大公報出版有限公司
　　　　香港仔田灣海旁道七號興偉中心 29 樓
電　話：2873 8288

發　行：香港聯合書刊物流有限公司
　　　　香港新界大埔汀麗路 36 號中華商務印刷大廈 3 字樓
電　話：2150 2100

印　刷：美雅印刷製本有限公司
　　　　香港九龍觀塘榮業街 6 號海濱工業大廈二期 4 字樓

版　次：2021 年 7 月初版

國際書號：ISBN 978-962-582-080-4

定　價：港幣 96 元